Robert Nothhelfer, Urban Bacher, Katja Rade, Marcus Scholz
Klausurtraining für Bilanzierung und Finanzwirtschaft

Lehr- und Klausurenbücher der angewandten Ökonomik

—

Herausgegeben von
Prof. Dr. Michael Vorfeld und
Prof. Dr. Werner Halver

Robert Nothhelfer, Urban Bacher,
Katja Rade, Marcus Scholz

Klausurtraining für Bilanzierung und Finanzwirtschaft

—

DE GRUYTER
OLDENBOURG

ISBN 978-3-11-044136-9
e-ISBN (PDF) 978-3-11-044137-6
e-ISBN (EPUB) 978-3-11-043322-7

Library of Congress Cataloging-in-Publication Data
A CIP catalog record for this book has been applied for at the Library of Congress.

Bibliografische Information der Deutschen Nationalbibliothek
Die Deutsche Nationalbibliothek verzeichnet diese Publikation in der Deutschen
Nationalbibliografie; detaillierte bibliografische Daten sind im Internet über
http://dnb.dnb.de abrufbar.

© 2015 Walter de Gruyter GmbH, Berlin/Boston
Satz: le-tex publishing services GmbH, Leipzig
Druck und Bindung: CPI books GmbH, Leck
♾ Gedruckt auf säurefreiem Papier
Printed in Germany

www.degruyter.com

Vorwort zur ersten Auflage

Bilanzierung, Investition und Finanzierung sind Kernthemen, die in keinem betriebswirtschaftlichen Studium fehlen dürfen. Es sind aber auch keine einfachen Fächer: Sie erfordern Kenntnis gesetzlicher Regelungen und marktüblicher Vorgehensweisen, Anwendung vielfältiger Methoden und die Fähigkeit, die vielen Einzelthemen bei komplexen Sachverhalten richtig zuzuordnen und dann die Methoden korrekt anzuwenden. Dadurch erwerben die Studierenden die Fähigkeit, bilanzielle und finanzwirtschaftliche Sachverhalte zu analysieren und rational zu entscheiden. So wichtig die Themen sind, so schwierig ist aber auch die Vorbereitung auf die Klausur.

Den Studierenden ist die Bedeutung und Schwierigkeit durchaus bewusst. Regelmäßig erreichen uns Anfragen zu mehr Materialien für die Klausurvorbereitung, insbesondere zur Bereitstellung von Musterlösungen. Aufgrund der vielen Anfragen haben wir uns entschieden, gesammelt eine Unterstützung zur Vorbereitung herauszugeben – mit Lösungen, damit auch die Selbstkontrolle möglich ist.

Auch wenn dieses Buch Aufgaben und Lösungen enthält, halten wir es für den Lernerfolg für wichtig, zunächst zu versuchen, die Aufgabe selbständig – ohne Lösung – zu bearbeiten. Lernen bedeutet zu großen Teilen verstehen und auch verinnerlichen; dies gelingt beim schnellen Durchlesen einer Musterlösung selten.

Wir haben das Buch mit großer Sorgfalt erstellt und unser Bestes getan, sämtliche Fehler zu eliminieren. Sollten Sie trotzdem einen finden oder Verbesserungs- oder Ergänzungsvorschläge haben, freuen wir uns über eine Nachricht an:

robert.nothhelfer@hs-pforzheim.de

Wir wünschen Ihnen viel Erfolg beim Durcharbeiten der Aufgaben und bei der anschließenden Klausur.

Pforzheim, im Oktober 2015   Robert Nothhelfer, Urban Bacher,
Katja Rade, Marcus Scholz

Inhalt

1 Einleitung

Dieses Buch soll zur Vorbereitung auf mögliche Prüfungen dienen. In Vorlesungen oder im Selbststudium erworbenes Wissen kann durch die Übung in der Bearbeitung der Aufgaben gefestigt und vertieft werden.

Typischerweise werden mit einer Lehrveranstaltung mehrere Lernziele verfolgt, die dann auch in einer Prüfung entsprechend abgeprüft werden:
- **Kenntnis**, d. h. Wiedergabe von grundlegendem Wissen.
- **Anwendung** des Wissens auf eine konkrete Aufgabenstellung.
- **Reflexion und Analyse**: Über das bloße Anwenden hinausgehendes Hinterfragen oder Interpretieren von Anwendungsergebnissen.

Die Aufgaben sind daher in 4 Kapitel aufgeteilt:
- **Thematisch gegliederte Aufgaben**:
  Sie stellen Anwendungen oder erweiterte Abfragen des grundlegenden Wissens dar, bewegen sich aber in einem klar abgegrenzten Themengebiet.
- **Multiple-Choice-Aufgaben**:
  Sie dienen primär der Abfrage von grundlegendem Wissen zu einem Themengebiet.
- **Fallstudien**:
  Sie stellen Anwendungen des Wissens dar, die um komplexe, übergreifende Fragestellungen erweitert sind; ihre Lösung erfordert Reflexion und/oder Analyse von Anwendungsergebnissen und somit ein vertieftes Verständnis der jeweiligen Zusammenhänge.
- **Musterklausuren**:
  Sie wurden so an der Hochschule Pforzheim gestellt und decken alle Lernziele ab. Sie können in dieser Form zur unmittelbaren Klausurvorbereitung unter Klausurbedingungen (Zeitdruck, nur zugelassene Hilfsmittel) verwendet werden.

Dieses Buch ist ein Übungsbuch und kein Lehrbuch, das das Themengebiet systematisch erschließt. Erfolgreiches Lernen und Verstehen des sehr breiten Themengebiets Bilanzierung, Investition und Finanzierung erfordern ein systematisches Erarbeiten des Themas, in der Regel durch den regelmäßigen Besuch einer Lehrveranstaltung und das parallele Durcharbeiten eines oder mehrerer Lehrbücher.

Aufgrund des Übungscharakters sind die Lösungen vollständig, aber kurz gehalten. Bei den thematisch gegliederten Aufgaben sind bei allen Lösungen Querweise zu Lehrbüchern angegeben und sofern einschlägig zu den entsprechenden gesetzlichen Regelungen, um eine möglicherweise nötige Schließung von Lücken zu erleichtern. Die Gesetzesangaben beziehen sich sämtlich auf das Handelsgesetzbuch (Stand 2015), sofern nicht anders ausdrücklich erwähnt. Bei den Fallstudien sind Stichwörter angegeben, die die wesentlichen Themen der Fallstudie abdecken und unter denen in den Lehrbüchern bei Bedarf nachgeschlagen werden kann.

Sofern in einer Aufgabe praktische Beispiele anzugeben sind, werden auch in der Lösung nur Beispiele gegeben. Die Aufgabe kann selbstverständlich auch mit anderen richtigen Beispielen vollständig gelöst werden.

Für alle Aufgaben ist die vorgesehene Bearbeitungszeit angegeben, die der Orientierung dient, um unter Klausurbedingungen ausreichend Zeit für andere Aufgaben zu haben.

2 Thematisch gegliederte Aufgaben

2.1 Aufgabenstellungen

2.1.1 Bilanzierung

2.1.1.1 Grundsätze ordnungsmäßiger Bilanzierung
Innerhalb der Grundsätze ordnungsmäßiger Bilanzierung (GoB) gibt es den Grundsatz der Stetigkeit/Bilanzkontinuität. Erläutern Sie, was man unter diesem Grundsatz versteht. Was ist sein Ziel?

2.1.1.2 Grundsätze ordnungsmäßiger Bilanzierung
Folgende Tatbestände verstoßen gegen die Grundsätze ordnungsmäßiger Bilanzierung (GoB). Bezeichnen Sie den einzelnen Grundsatz möglichst genau!

Beispiel: Bei der Bewertung der Vermögensgegenstände wird eine Maschine mit ihrem Liquidationswert angesetzt.

Verstoß gegen den Grundsatz der Unternehmensfortführung (Going Concern)!

Mehrere Rückstellungen werden zusammengefasst und als Gesamtheit bewertet:

Verstoß gegen ....!

Die Forderungen aus Lieferungen und Leistungen werden mit den Verbindlichkeiten aus Lieferungen und Leistungen verrechnet:

Verstoß gegen ....!

Aufwendungen werden immer im Zeitpunkt der Zahlung berücksichtigt.

Verstoß gegen ....!

Am Bilanzstichtag werden Vorräte mit ihren Anschaffungskosten angesetzt, da die niedrigeren Marktpreise nur als temporär angesehen werden.

Verstoß gegen ....!

2.1.1.3 Anlagevermögen
a) Definieren Sie den Begriff des Anlagevermögens. Inwieweit hat man als Kaufmann bei der Zuordnung einzelner Vermögensgegenstände zum Anlagevermögen Gestaltungsspielraum?
b) In welche Kategorien lässt sich das Anlagevermögen unterteilen? Geben Sie zu jeder Kategorie zwei praktische Beispiele.

2.1.1.4 Geschäfts- oder Firmenwert

Ist der Geschäfts- oder Firmenwert (GoFW) ein Vermögensgegenstand? Begründen Sie Ihre Einschätzung kurz und prägnant und stellen Sie die Ansatz- und Bewertungsvorschriften eines GoFW in der Handels- und Steuerbilanz dar.

2.1.1.5 Geschäfts- oder Firmenwert

Die Akquise AG erwirbt den Geschäftsbetrieb der Target GmbH mit allen Aktiva und Passiva zum Kaufpreis von 500 T€ (Asset Deal). Die Target GmbH hat Aktiva mit einem Buchwert von 800 T€ und ein bilanzielles Eigenkapital in Höhe von 100 T€. Für die Target GmbH sind folgende Sachverhalte bekannt:

– Grundstücke: stille Reserven von 120 T€.
– Selbst geschaffene Marke mit einem Marktwert von 250 T€.
– Nach Übernahme der Target GmbH durch die Akquise AG wird die Rechtsabteilung der Target GmbH nicht mehr benötigt. Die geschätzten Abfindungen belaufen sich auf 200 T€.

a) Erstellen Sie die Bilanz der Target GmbH vor Verkauf.
b) Wie ist der Asset Deal bei der Akquise AG zu bilanzieren? Stellen Sie bitte den Buchungssatz dar, indem Sie für jede Haben- und jede Sollbuchung eine separate Zeile verwenden.

2.1.1.6 Ausweis der Finanzanlagen

Erläutern Sie kurz in Stichpunkten die Unterschiede zwischen folgenden Bilanzposten:
a) Anteile an verbundenen Unternehmen.
b) Beteiligungen.
c) Wertpapiere des Anlagevermögens.

2.1.1.7 Aktive latente Steuern

Nennen Sie mindestens drei Sachverhalte, die zu aktiven latenten Steuern führen.

2.1.1.8 Vorratsbewertung

Gert Glitz e. K. ist Goldschmied in Pforzheim und kauft im Sommer bei einer Versteigerung Gold für 100 T€ und Diamanten für 50 T€. Im Frühjahr des Folgejahres erstellt er seine Bilanz. Der Goldpreis ist gestiegen, so dass er am 31. 12. und danach das Gold mit sehr guten Argumenten zu 120 T€ verkaufen könnte. Leider sind die Diamanten von minderer Qualität. Deren Marktpreis fällt unaufhaltsam: Der Wert am 31. 12. sinkt auf 40 T€, im Februar des Folgejahres sogar auf 30 T€. Mit welchen Werten stehen das Gold und die Diamanten in der Handels- und Steuerbilanz? Begründung!

2.1.1.9 Vorratsbewertung
Welche handelsrechtlich zulässigen Verfahren zur Zugangsbewertung von angeschafften Vorräten kennen Sie? Beschreiben Sie die jeweiligen Verfahren kurz.

2.1.1.10 Umsatzrealisierung
Anhand welcher Kriterien lässt sich feststellen, ob ein Umsatz bereits realisiert ist oder nicht bzw. ob eine Forderung bereits besteht oder nicht?

2.1.1.11 Abschreibungsmethoden
Nennen Sie kurz und prägnant die jeweils wichtigsten Vorteile der linearen und degressiven Abschreibungsmethode!

2.1.1.12 Verbuchung der Steuerschuld
Eine Aktiengesellschaft hat am Jahresende eine Steuerschuld in Höhe von 100 T€. Wie zeigt sich der Sachverhalt bei folgenden drei Fällen? Welcher (genaue) Bilanzposten ist im jeweiligen Fall und in welcher Höhe relevant?

Tab. 1. Bilanzierung von Steuerforderungen und -schulden.

Fall	Sachverhalt	Bilanzposten/Höhe
1	Die AG hat bereits 140 T€ vorausbezahlt.	
2	Die AG hat erst 80 T€ bezahlt. Der Steuerbescheid steht noch aus.	
3	Die AG hat erst 80 T€ bezahlt, der Steuerbescheid bestimmt die Restfälligkeit auf den 10. Januar des Folgejahres.	

2.1.1.13 Passiva
Was unterscheidet in der Bilanzierung eine (Verbindlichkeits-)Rückstellung von einer Verbindlichkeit?

2.1.1.14 Leverage-Effekt

Unter welchen Voraussetzungen führt die Substitution von Eigenkapital durch Fremd-kapital zu einer
a) Erhöhung
b) Verminderung
der Eigenkapitalrentabilität.

2.1.1.15 Leverage-Effekt

Gegeben sei: Eigenkapital (EK) 10 M€, Fremdkapital (FK) 0 €, Jahresüberschuss 1 M€. Der Unternehmer entnimmt 5 M€ und ersetzt sie durch FK, das er langfristig mit 6 % finanziert. Zeigen Sie den Leverage-Effekt.

2.1.2 Investitionsrechnung

2.1.2.1 Dynamische Investitionsrechnung

In einem Feriendorf kauft ein Hotelier drei Super-Quads zum Sonderpreis von insge-samt 12.500 €. Er rechnet mit einer Nutzungszeit von 5 Jahren. Die Quads verursachen pro Jahr 3 T€ zahlungswirksame Kosten (Kraftstoff, Reifen, Steuer, Versicherung, TÜV, Inspektion etc.) sowie (lineare) Abschreibungen. Mit guten Gründen rechnet der Hote-lier mit Einzahlungen von 6 T€ in den ersten drei Jahren, in den folgenden zwei Jahren dann mit 5 T€. Nach fünf Jahren kann er die Quads für 2 T€ verkaufen und das Konzept neu überdenken.
a) Zeichnen Sie den Zahlenstrahl.
b) Rechnet sich das Vorhaben bei einem Kalkulationszinssatz von 5 %?
c) Stellen Sie die (dynamische) Amortisation in einer Tabelle dar und prüfen Sie, ob nach 3 Jahren bereits 2/3 der Investition amortisiert sind!

2.1.2.2 Dynamische Investitionsrechnung

Die Jonas GmbH hat die Möglichkeit, sich zwischen zwei Investitionsobjekten zu ent-scheiden, die folgende Zahlungsströme aufweisen (Kalkulationszinssatz 10 %):

Tab. 2. Investitionsprojekte Jonas GmbH.

Periode	t_0	t_1	t_2
Investitionsobjekt 1 (IO1)	−100.000	+80.000	+40.000
Investitionsobjekt 2 (IO2)	−100.000	+33.000	+92.000

a) Welche Investition sollte die Jonas GmbH wählen, wenn sie die Kapitalwertmethode als Entscheidungskriterium verwenden. Berechnen und interpretieren Sie hierfür bitte die Kapitalwerte von IO1 und IO2. Gehen Sie auch auf die inhaltliche Bedeutung und die Prämissen der Kapitalwertmethode ein.

b) Erläutern Sie bitte die Methode des internen Zinssatzes. Welche Annahme ist besonders problematisch und kann zu von der Kapitalwertmethode abweichenden Ergebnissen führen?

2.1.3 Finanzierung

2.1.3.1 Außenfinanzierung

Vergleichen Sie Eigen- und Fremdkapital anhand der nachstehenden Kriterien stichpunktartig:

a) Interesse des Kapitalnehmers.

b) Interesse des Kapitalgebers.

c) Vergütung für die Kapitalhingabe.

d) Vermögensanspruch bei Liquidation des kapitalaufnehmenden Unternehmens.

2.1.3.2 Kapitalbedarfsplanung

a) Definieren Sie kurz den Begriff „Kapitalbedarf", z. B. anhand einer einfachen Formel.

b) Wie verändert sich der Kapitalbedarf des Umlaufvermögens, wenn…

    aa) den Kunden ein höheres Zahlungsziel eingeräumt wird?

    bb) durch Umorganisation ein Zwischenlager in der Produktion auf andere Lagerorte verteilt wird?

    cc) die Preise von Investitionsgütern und Rohstoffen steigen und diese Kostensteigerungen wegen des Konkurrenzdrucks nicht in höhere Verkaufspreise münden?

2.1.3.3 Kapitalerhöhung

Die Aktie der Flachstahl AG steht bei 75 € pro Stück. Die Flachstahl AG erhöht ihr Grundkapital von 50 M€ auf 60 M€. Der Ausgabepreis der neuen Aktien beträgt 60 € pro Stück.

a) Wie hoch ist der rechnerische Wert des Bezugsrechts?

b) Beschreiben Sie in diesem Zusammenhang den Agioeffekt in einem Satz und benennen Sie den Bilanzposten auf den das Agio gebucht wird!

2.1.3.4 Lieferantenkredit

Lilli Lampe bestellt für ihr Beleuchtungsgeschäft Lampen im Wert von 8.000 €. Die Rechnung des Lieferanten beinhaltet folgenden Hinweis: „Zahlbar innerhalb von 8 Tagen unter Abzug von 2% Skonto oder nach 30 Tagen rein netto." Wie hoch sind die Zinssätze p. a. dieser Lieferantenkredite (runden Sie kaufmännisch auf eine Nachkommastelle)? Lassen Sie die Umsatzsteuer außen vor.

2.1.3.5 Finanzbedarf

Clara Clever möchte für 600 T€ ein mittelständisches Beratungsunternehmen (Einzelunternehmen) erwerben, das jedes Jahr einen Gewinn vor Steuern und vor Unternehmerlohn von 140 T€ erwirtschaftet. Sie übernimmt das Unternehmen bilanziell geräumt, d. h. ohne aktivierte Aktiva und ohne passivierte Passiva. Der Geschäfts- oder Firmenwert kann handelsrechtlich und steuerlich über 6 Jahre abgeschrieben werden. Clara hat 30 T€ Eigenkapital. Zum Leben benötigt sie jährlich 20 T€. Ihr Steuersatz beträgt 50 %. Wie viel Kredit muss sie aufnehmen, wenn sie den Kaufpreis in 6 gleichen Jahresraten, beginnend mit dem Kaufdatum bezahlen will?

2.1.3.6 Finanzplanung

Sie sind Assistent des Finanzchefs und bereiten eine fast 100%ige-Bankfinanzierung für die Anschaffung eines Firmenwagens und den Erwerb eines Grundstücks samt Bau einer Werkhalle vor. Wie hoch sollte der Tilgungsanteil beim jeweiligen Darlehen sein. Begründen Sie Ihr Urteil betriebswirtschaftlich kurz in Stichworten!

2.1.3.7 Zerobond

Ein Zerobond wird mit 75 % ausgegeben und in 8 Jahren zu pari zurückbezahlt. Welche Rendite hat der Zerobond?

2.1.3.8 Finanzierung aus Abschreibungen

Willi Werner betreibt einen Fotoshop. Zum Ausdruck digitaler Bilder hat er am 1. 1. 20X1 drei Großformat-Fotodrucker (Nutzungsdauer: 4 Jahre) zum Preis von 12.000 € pro Stück gekauft. Auf welche Periodenkapazität (d. h. Anzahl an Großformatdruckern) kann Willi innerhalb von 10 Jahren maximal kommen, wenn er für die zusätzlichen Geräte keine weiteren Kredite aufnehmen will und die Investitionen jeweils zum Jahresanfang erfolgen.

2.1.3.9 Annuitätentilgung

Wie sieht der Zins- und Tilgungsplan (gerundet auf volle €) für folgendes Annuitätendarlehen aus: Kreditsumme 1 M€, 10 Jahre Laufzeit, Zinssatz 4,5 %. Gehen Sie davon aus, dass das Darlehen nach 10 Jahren vollständig getilgt sein soll.

2.1.3.10 Kapitalerhöhung einer AG

a) Nennen Sie die Ihnen bekannten Formen der Kapitalerhöhung einer AG und erläutern Sie diese mit wenigen treffenden Stichpunkten.

b) Warum hat der Gesetzgeber ein Bezugsrecht gesetzlich verankert?

2.2 Lösungen zu den Aufgaben

2.2.1 Lösungen zu Bilanzierung

2.2.1.1 Grundsätze ordnungsmäßiger Bilanzierung

Innerhalb der Grundsätze ordnungsmäßiger Bilanzierung (GoB) gibt es den Grundsatz der Stetigkeit/Bilanzkontinuität. Erläutern Sie, was man unter diesem Grundsatz versteht. Was ist sein Ziel?

Bearbeitungszeit: 5 Minuten

§ 252 Abs. 1 Nr. 1 und 6, sowie für Kapitalgesellschaften und Personengesellschaften gem. § 264a: § 265 Abs. 1, § 284 Abs. 2 Nr. 3

Bacher, Kapitel 3.2.1
Hilke, S. 42 ff.

Der Grundsatz der Stetigkeit hat zum Ziel, dass die Angaben im Jahresabschluss mit den Angaben in vorhergehenden Jahresabschlüssen vergleichbar sind.

Die unten angeführten Regelungen für Kapitalgesellschaften gelten auch für Personengesellschaften, die keine natürliche Person als Vollhafter haben (§ 264a); der Übersichtlichkeit halber sind diese aber nicht zusätzlich genannt.

Dabei ist zu unterscheiden in

- formelle Stetigkeit:
  - Darstellungsstetigkeit, d. h. die Gliederung des Jahresabschlusses ist bei Kapitalgesellschaften grundsätzlich beizubehalten; für Kapitalgesellschaften gelten die detaillierten Gliederungsschemata der §§ 266, 275. Abweichungen sind im Anhang anzugeben.
  - Bilanzidentität, d. h. die Schlussbilanz des Vorjahres entspricht immer der Eröffnungsbilanz des laufenden Jahres.

– materielle Stetigkeit: Bewertungsmethoden sind grundsätzlich beizubehalten, Kapitalgesellschaften müssen Abweichungen im Anhang unter gesonderter Darstellung des Einflusses auf die Vermögens-, Finanz- und Ertragslage begründen.

2.2.1.2 Grundsätze ordnungsmäßiger Bilanzierung

Folgende Tatbestände verstoßen gegen die Grundsätze ordnungsmäßiger Bilanzierung (GoB). Bezeichnen Sie den einzelnen Grundsatz möglichst genau!

Beispiel: Bei der Bewertung der Vermögensgegenstände wird eine Maschine mit ihrem Liquidationswert angesetzt.

Verstoß gegen den Grundsatz der Unternehmensfortführung (Going Concern) gem. § 252 Abs. 1 Nr. 2!

Bearbeitungszeit: 5 Minuten
Bacher, Kapitel 3.2.1
Hilke, S. 42 ff.

Mehrere Rückstellungen werden zusammenfasst und als Gesamtheit bewertet:
Verstoß gegen den Grundsatz der Einzelbewertung!
§ 252 Abs. 1 Nr. 3

Die Forderungen aus Lieferungen und Leistungen werden mit den Verbindlichkeiten aus Lieferungen und Leistungen verrechnet:
Verstoß gegen das Verrechnungsverbot/Bruttoprinzip!
§ 246 Abs. 2 Satz 1

Aufwendungen werden immer im Zeitpunkt der Zahlung berücksichtigt.
Verstoß gegen den Grundsatz der Periodenabgrenzung!
§ 252 Abs. 1 Nr. 5

Am Bilanzstichtag werden Vorräte mit ihren Anschaffungskosten angesetzt, da die niedrigeren Marktpreise nur als temporär angesehen werden.
Verstoß gegen das Vorsichtsprinzip/Imparitätsprinzip!
§ 252 Abs. 1 Nr. 4

2.2.1.3 Anlagevermögen

a) *Definieren Sie den Begriff des Anlagevermögens. Inwieweit hat man als Kaufmann bei der Zuordnung einzelner Vermögensgegenstände zum Anlagevermögen Gestaltungsspielraum?*

b) *In welche Kategorien lässt sich das Anlagevermögen unterteilen? Geben Sie zu jeder Kategorie zwei praktische Beispiele.*

Bearbeitungszeit: 10 Minuten

a)   § 247 Abs. 2
b)   § 266 Abs. 2 A

Bacher, Kapitel 3.2.1.1
Coenenberg/Haller/Schultze, S. 136 ff.

a)   Zum Anlagevermögen gehören alle Vermögensgegenstände, die dazu bestimmt
     sind, dem Unternehmen dauerhaft zu dienen. Dies ist eine Zuordnung in Abhän-
     gigkeit von der wirtschaftlichen Zweckbestimmung des jeweiligen Vermögens-
     gegenstands. In dem Umfang, in dem der Kaufmann diesen Zweck beeinflussen
     kann und will (dispositionsbedingt, subjektiv), kann er die Zuordnung zum An-
     lagevermögen beeinflussen. Z. B. kann ein erworbenes Grundstück parzelliert
     werden, sodass ein Teil dauerhaft für den Geschäftsbetrieb genutzt wird und so-
     mit dem Anlagevermögen zuzuordnen ist, während ein anderer Teil kurzfristig
     verkauft werden kann und somit dem Umlaufvermögen zuzuordnen ist. Ob das
     Grundstück aber entsprechend aufgeteilt wird, ist eine Ermessensentscheidung
     des Kaufmanns.
b)   Die typische Unterteilung gem. § 266 erfolgt in
     –   Immaterielle Vermögensgegenstände, z. B. Patente, Software, Lizenzen, Ge-
         schäfts- oder Firmenwert (ist hier auszuweisen, wenn auch kein Vermögens-
         gegenstand an sich)
     –   Sachanlagen, z. B. Grundstücke und Gebäude, Maschinen, Fahrzeuge
     –   Finanzanlagen, z. B. Aktien oder Geschäftsanteile, Anleihen, vergebene Kre-
         dite

2.2.1.4 Geschäfts- oder Firmenwert

*Ist der Geschäfts- oder Firmenwert (GoFW) ein Vermögensgegenstand? Begründen Sie
Ihre Einschätzung kurz und prägnant und stellen Sie die Ansatz- und Bewertungsvorschriften des GoFW in der Handels- und Steuerbilanz dar.*

Bearbeitungszeit: 10 Minuten

Ansatz Handelsrecht § 246 Abs. 1 S. 4
Bewertung Handelsrecht § 253 Abs. 1 S. 1 und 2
Ansatz Steuerrecht § 5 Abs. 2 EStG
Bewertung Steuerrecht § 6 Abs. 1 Nr. 1 EStG, § 7 Abs. 1 S. 3 EStG

Bacher, Kapitel 3.1.1 und Kapitel 3.3.1.1
Coenenberg/Haller/Schultze, S. 182 f.

Zu unterscheiden ist in einen entgeltlich erworbenen (derivativen) und einen selbst geschaffenen (originären) Geschäfts- oder Firmenwert.

Ein handels- und steuerrechtliches Aktivierungsverbot besteht für den originären Geschäfts- oder Firmenwert, der im Laufe der Unternehmenstätigkeit durch den Aufbau der Organisation, eines Kundenstamms oder die Qualität der Mitarbeiter geschaffen wird, da er die Aktivierungsvoraussetzungen für einen Vermögensgegenstand nicht erfüllt (siehe unten).

Ein entgeltlich erworbener Geschäfts- oder Firmenwert wird wie ein Vermögensgegenstand behandelt, ist aber selbst kein Vermögensgegenstand, da er die abstrakten Aktivierungsvoraussetzungen nicht erfüllt:

Wirtschaftlicher Vorteil: dies wird in der Regel gegeben sein, da der GoFW das bezahlte Nutzungs-/Ertragspotenzial eines Geschäftsbetriebs darstellt, das nicht einzelnen Vermögensgegenständen bzw. zugeordnet werden kann.

Selbständige Bewertbarkeit: ist gegeben. Der Wert wird als Differenz zwischen dem Unternehmenswert (Kaufpreis) und dem Nettoreinvermögen (= Vermögen abzüglich Schulden) ermittelt.

Selbständige Verwertbarkeit: ist nicht gegeben, da der GoFW nicht unabhängig vom Geschäftsbetrieb ist und daher auch nicht separat veräußert werden kann.

Handelsrecht:

Entsprechend § 246 Abs. 1 S. 4 ist der GoFW wie ein Vermögensgegenstand mit begrenzter Nutzungsdauer zu behandeln und unterliegt damit den allgemeinen Bewertungsregeln des § 253 Abs. 3, d. h. er ist planmäßig über die voraussichtliche Nutzungsdauer abzuschreiben. Bei einer voraussichtlich dauerhaften Wertminderung ist eine außerplanmäßige Abschreibung auf den niedrigeren beizulegenden Wert vorzunehmen. Entfallen die Gründe für die außerplanmäßige Abschreibung zu einem späteren Zeitpunkt, so muss der niedrigere Wert (abweichend vom übrigen Anlagevermögen) beibehalten werden.

Steuerrecht:

Der GoFW ist gem. § 5 Abs. 2 EStG aktivierungspflichtig und gem. § 7 Abs. 1 S. 3 EStG planmäßig über 15 Jahre abzuschreiben.

Hinweis:

Sofern handelsrechtlich die Nutzungsdauer auf mehr als 5 Jahre geschätzt wird, ist dies bei Kapitalgesellschaften im Anhang zu begründen (§ 285 Nr. 13).

Weicht die handelsrechtliche Nutzungsdauer von der steuerrechtlich vorgegebenen Nutzungsdauer von 15 Jahren ab so ergeben sich daraus latente Steuern (sofern die handelsrechtliche Nutzungsdauer kürzer ist, ergeben sich aktive latente Steuern; sofern die handelsrechtliche Nutzungsdauer länger ist – was nur sehr selten der Fall sein dürfte –, ergeben sich passive latente Steuern).

Bei einem GoFW, der im Rahmen des Konzernabschlusses entsteht, werden keine latenten Steuern gebildet (§ 306 S. 3).

2.2.1.5 Geschäfts- oder Firmenwert

Die Akquise AG erwirbt den Geschäftsbetrieb der Target GmbH mit allen Aktiva und Passiva zum Kaufpreis von 500 T€ (Asset Deal). Die Target GmbH hat Aktiva mit einem Buchwert von 800 T€ und ein bilanzielles Eigenkapital in Höhe von 100 T€. Für die Target GmbH sind folgende Sachverhalte bekannt:

- *Grundstücke: stille Reserven von 120 T€.*
- *Selbst geschaffene Marke mit einem Marktwert von 250 T€.*
- *Nach Übernahme der Target GmbH durch die Akquise AG wird die Rechtsabteilung der Target GmbH nicht mehr benötigt. Die geschätzten Abfindungen belaufen sich auf 200 T€.*

Bearbeitungszeit: 10 Minuten

§ 246 Abs. 1 S. 4

Bacher, Kapitel 3.1.1 und Kapitel 3.3.1.1
Coenenberg/Haller/Schultze, S. 182 f.

---

a) *Erstellen Sie die Bilanz der Target GmbH vor Verkauf.*

Tab. 3. Bilanz der Target GmbH vor Verkauf.

Bilanz in T€			
Aktiva	800	Eigenkapital	100
		Fremdkapital	700
Bilanzsumme	800	Bilanzsumme	800

b) *Wie ist der Asset Deal bei der Akquise AG zu bilanzieren? Stellen Sie den Buchungssatz dar, indem Sie für jede Haben- und jede Sollbuchung eine separate Zeile verwenden.*

Ermittlung GoFW:
Kaufpreis   500 T€
abzgl. Nettovermögen zu Zeitwerten, d. h.

Aktiva	800 T€	
+ stille Reserven	120 T€	
+ selbstgeschaffene Marke	250 T€	
− Fremdkapital	700 T€	
− Rückstellung Abfindungen	200 T€	
= Nettovermögen zu Zeitwerten		−270 T€
= GoFW		+230 T€

Einbuchung:

Soll Aktiva	800 T€		
Soll stille Reserven	120 T€		
Soll selbstgesch. Marke	250 T€		
Soll GoFW	230 T€		
		Haben Fremdkapital	700 T€
		Haben Abfindungen	200 T€
		Haben Kaufpreisverbindlichkeit	500 T€
Summe Soll	1.400 T€	Summe Haben	1.400 T€

Hinweis:

Die vorherige Ermittlung des GoFW ist nach der Aufgabenstellung nicht zwingend und könnte daher auch im Rahmen der Einbuchung erfolgen (als Ausgleich damit der restliche Buchungssatz aufgeht). In der Regel ist der Buchungssatz aber einfacher aufzustellen, wenn vorher der GoFW separat ermittelt wurde.

2.2.1.6 Ausweis der Finanzanlagen

Erläutern Sie kurz in Stichpunkten die Unterschiede zwischen folgenden Bilanzposten:

Bearbeitungszeit: 5 Minuten

§ 271

Beck'scher Bilanzkommentar, § 266 Tz. 69 ff., § 271
Coenenberg/Haller/Schultze, S. 246 ff.

---

a) *Anteile an verbundenen Unternehmen.*

   Verbundene Unternehmen sind Unternehmen, die in den eigenen Konzernabschluss einzubeziehen sind. Dies sind Unternehmen, die durch das Unternehmen, das die Anteile hält, kontrolliert oder beherrscht werden (§ 290). Als Anteile sind die der Rechtsform entsprechenden Gesellschaftsanteile, z. B. Aktien auszuweisen.

   Hinweis:

   Anteile an verbundenen Unternehmen liegen in der Regel bei einer Beteiligungsquote von mehr als 50 % vor.

b) *Beteiligungen.*

   Beteiligungen sind Anteile von Unternehmen (s. o.), an denen das eigene Unternehmen in wesentlichem Umfang beteiligt ist, aber keine Kontrollmöglichkeiten hat, z. B. weil es nicht über die Stimmrechtsmehrheit verfügt. Die Anteile sollen aber trotzdem einer dauerhaften Verbindung der Geschäftsbetriebe dienen.

   Hinweis:

   Beteiligungen liegen in der Regel bei einer Beteiligungsquote zwischen 20 % und 50 % vor.

c) *Wertpapiere des Anlagevermögens.*

Wertpapiere, die dauerhaft dem Geschäftsbetrieb dienen, d. h. langfristig gehalten werden sollen, werden hier ausgewiesen. Wesentlich ist, dass die Ansprüche in einem Wertpapier verbrieft und somit (abstrakt) handelbar sind. Der Ausweis erfolgt unabhängig davon, ob es sich um Eigenkapitalinstrumente (z. B. Aktien) oder Fremdkapitalinstrumente (z. B. Anleihen) handelt. Der Ausweis erfolgt aber nur, sofern es sich nicht um eine Beteiligung oder ein verbundenes Unternehmen handelt, d. h. die Beteiligungsquote in der Regel unter 20 % liegt.

2.2.1.7 Aktive latente Steuern

Nennen Sie mindestens drei Sachverhalte, die zu aktiven latenten Steuern führen.

Bearbeitungszeit: 5 Minuten

Bacher, Kapitel 3.3.5
Hilke, S. 115 ff.

---

1. Bildung einer Rückstellung für drohende Verluste aus schwebenden Geschäften. Handelsrechtlich besteht eine Rückstellungspflicht, steuerrechtlich ein Rückstellungsverbot.
2. Höherer Wertansatz der Pensionsrückstellungen nach Handelsrecht als nach Steuerrecht, z. B. aufgrund von Abzinsung nach Handelsrecht mit einem Zinssatz unter den steuerlich anzuwendenden 6 %.
3. Aufwandswirksame Vereinnahmung eines Disagios nach Handelsrecht (Wahlrecht), periodengerechte Abgrenzung nach Steuerrecht (Bildung eines aktiven Rechnungsabgrenzungspostens zwingend).
4. Steuerlicher Verlustvortrag, der innerhalb von 5 Jahren genutzt werden kann.

Hinweis:

Sofern steuerliche und handelsrechtliche Ergebnisermittlung nicht identisch sind, soll durch latente Steuern der Steuerertrag/-aufwand passend zum handelsrechtlichen Ergebnis dargestellt werden. Theoretisch sollte das handelsrechtliche Ergebnis vor Steuern multipliziert mit dem Steuersatz genau dem im Jahresabschluss ausgewiesenen Steueraufwand oder -ertrag entsprechen.

Aktive latente Steuern sind zukünftig erwartete Steuerentlastungen, d. h. das handelsrechtliche Ergebnis wird bereits jetzt durch Aufwendungen belastet (reduziert), die erst in der Zukunft steuerlich wirksam werden (d. h. Aufwendungen, die erst in der Zukunft den steuerlichen Gewinn mindern). Deshalb ist das aktuelle steuerliche Ergebnis höher als das handelsrechtliche und in der Konsequenz ist die aktuelle (laufende) Steuerbelastung höher als das handelsrechtliche Ergebnis erwarten ließe. Diese Situation kann bei Kapitalgesellschaften durch aktive latente Steuern korrigiert werden, wenn das Ansatzwahlrecht ausgeübt wird (§ 274).

2.2.1.8 Vorratsbewertung

Gert Glitz e. K. ist Goldschmied in Pforzheim und kauft im Sommer bei einer Versteigerung Gold für 100 T€ und Diamanten für 50 T€. Im Frühjahr des Folgejahres erstellt er seine Bilanz. Der Goldpreis ist gestiegen, so dass er am 31. 12. und danach das Gold mit sehr guten Argumenten zu 120 T€ verkaufen könnte. Leider sind die Diamanten von minderer Qualität. Deren Marktpreis fällt unaufhaltsam: Der Wert am 31. 12. sinkt auf 40 T€, im Februar des Folgejahres sogar auf 30 T€. Mit welchen Werten stehen das Gold und die Diamanten in der Handels- und Steuerbilanz? Begründung!

Bearbeitungszeit: 10 Minuten

§ 253 Abs. 4

Bacher, Kapitel 3.3.1.2
Coenenberg/Haller/Schultze, S. 213 ff.

Da Gert Glitz Juwelier ist, ist davon auszugehen, dass es sich bei dem Gold und den Diamanten um Umlaufvermögen handelt, das er kurzfristig weiterverarbeiten oder weiterverkaufen will.

Bewertung des Goldes:
Der Wertansatz bleibt am Bilanzstichtag bei den Anschaffungskosten von 100 T€. Dies entspricht dem Realisationsprinzip als eine Ausprägung des Vorsichtsprinzips: nur realisierte Gewinne dürfen im Jahresabschluss ausgewiesen werden. Dies gilt über das Maßgeblichkeitsprinzip auch in der Steuerbilanz.

Bewertung der Diamanten:
Die Diamanten sind mit dem niedrigeren Marktwert am Bilanzstichtag anzusetzen; dies entspricht dem Imparitätsprinzip als der anderen Ausprägung des Vorsichtsprinzips: im Umlaufvermögen ist jede Wertminderung direkt als Aufwand im Jahresabschluss zu zeigen (strenges Niederstwertprinzip). Zudem gilt das Stichtagsprinzip, d. h. die Wertverhältnisse des Bilanzstichtags sind relevant. Demzufolge sind die Diamanten mit 40 T€ anzusetzen. Der noch niedrigere Wert im Februar kann erst im folgenden Jahresabschluss (sofern dann noch relevant) verwendet werden. Sofern diese Wertminderung als dauerhaft eingestuft wird, darf sie auch steuerlich nachvollzogen werden. Bei vorübergehenden Wertminderungen besteht dagegen ein steuerliches Abwertungsverbot.

2.2.1.9 Vorratsbewertung

Welche handelsrechtlich zulässigen Verfahren zur Zugangsbewertung von angeschafften Vorräten kennen Sie? Beschreiben Sie die jeweiligen Verfahren kurz.

Bearbeitungszeit: 5 Minuten

§ 240 Abs. 3 und 4 sowie § 256

Bacher, Kapitel 3.3.1.2
Coenenberg/Haller/Schultze, S. 213 ff.

Angeschaffte Vorräte werden mit ihren Anschaffungskosten bewertet. Dabei ist der Grundsatz der Einzelbewertung zu beachten. Darüber hinaus sind folgende Bewertungsvereinfachungen unter Beachtung der GoB zulässig:

1. Gruppenbewertung für gleichartige Vermögensgegenstände:
    - Gewichteter Durchschnitt
      Es wird ein Durchschnittswert für eine Vorratsart aus dem Anfangsbestand und allen Zugängen ermittelt. Mit diesem Wert werden alle Abgänge und der Schlussbestand bewertet.
    - Gleitender Durchschnitt
      Für jeden Abgang wird ein neuer Durchschnitt ermittelt, sofern zwischen dem zu bewertenden Abgang und dem davorliegenden Abgang ein Zugang zur Vorratsart erfolgt ist. Dies erfordert eine genaue Kenntnis der zeitlichen Verteilung der Zu- und Abgänge.
    - Last in – first out (Lifo)
      Es wird unterstellt, dass die Vorräte, die zuletzt zugegangen sind, als erste verbraucht wurden. Für die Bewertung des Endbestandes sind somit die ältesten Zugänge (einschließlich des Anfangsbestands) relevant.
    - First in – first out (Fifo)
      Es wird unterstellt, dass die Vorräte, die zuerst zugegangen sind (bzw. der Anfangsbestand), als erste verbraucht wurden. Für die Bewertung des Endbestandes sind somit die jüngsten Zugänge relevant.
2. Festbewertung für Roh-, Hilfs- und Betriebsstoffe
    Roh-, Hilfs- und Betriebsstoffe können unter engen Voraussetzungen auch mit einem Festwert angesetzt werden, d. h. der Wertansatz des Vorjahres wird unverändert beibehalten und sämtliche Zugänge werden als Aufwand erfasst.

Hinweis:
Voraussetzungen für die Gruppenbewertung
Es muss sich um gleichartige oder annähernd gleichwertige Vermögensgegenstände handeln, die als Gruppe bewertet werden. Dies bedeutet funktionell gleich oder zur selben Warengruppe gehörend und mit einem Preisunterschied von üblicherweise weniger als 20 %.
Voraussetzung für die Festbewertung:
Die Vermögensgegenstände müssen regelmäßig ersetzt werden, von untergeordneter Bedeutung für das Unternehmen sein und in ihrer Zusammensetzung geringen Ver-

änderungen unterliegen. Ein Beispiel hierfür können Nägel und Schrauben bei einen Dachdeckerbetrieb sein (sofern der Betrieb nicht wächst und seine Arbeitstechniken nicht verändert). Andere Beispiele (allerdings aus dem Bereich Sachanlagevermögen) sind Besteck, Tischdecken oder Bettwäsche in einem Hotelbetrieb.

2.2.1.10 Umsatzrealisierung

Anhand welcher Kriterien lässt sich feststellen, ob ein Umsatz bereits realisiert ist oder nicht bzw. ob eine Forderung bereits besteht oder nicht?

Bearbeitungszeit: 5 Minuten

Bacher, Kapitel 3.2.1
Beck'scher Bilanzkommentar, § 252 Tz. 44

Entsprechend dem Realisationsprinzip dürfen Erträge bzw. Umsätze nur gezeigt werden, wenn diese realisiert sind. Zur Konkretisierung dieses Prinzips gibt es vier Kriterien, die kumulativ erfüllt sein müssen:

1. **Abgeschlossener Kaufvertrag:** Es liegt eine rechtlich bindende Vereinbarung vor. Sofern rechtlich keine Formvorschriften erforderlich sind, sind auch mündliche Vereinbarungen ausreichend, in der Regel aus Dokumentationsgründen aber nicht zweckmäßig.
2. **Leistungserfüllung:** Der Verkäufer oder Dienstleister hat seine Leistung vollständig und richtig erbracht, sodass der Käufer oder Auftraggeber nun das Entgelt schuldet.
3. **Gefahrenübergang:** Bei beweglichen Gegenständen muss die Sache in den Verfügungsbereich des Käufers übergegangen sein oder der Gefahrenübergang muss erfolgt sein, d. h. das Risiko des zufälligen Untergangs muss übergegangen sein. Bei Werkverträgen wird der Gefahrenübergang durch die Abnahme des Werks ersetzt.
4. **Abrechnungsfähigkeit:** Sofern im Kaufvertrag weitere Bedingungen über die Lieferung einer Sache oder die Erbringung einer Dienstleistung geregelt sind (z. B. erfolgreicher Testlauf bei einer Maschine), die vor einer Bezahlung erfüllt sein müssen, müssen auch diese Bedingungen erfüllt sein, bevor der Umsatz realisiert werden darf.

Hinweis:
Die exakte Regelung des Gefahrenübergangs hat wegen des Transportrisikos vor allem bei Export-/Importgeschäften mit langen Transportwegen große Bedeutung. Deswegen hat die Internationale Handelskammer in Paris sogenannte INCOTERMS herausgegeben, die eindeutig bezeichnete Lieferbedingungen beschreiben. Im Rahmen die-

ser Lieferbedingungen ist die Klärung des Gefahrenübergangs ein wesentliches Element.

2.2.1.11 Abschreibungsmethoden

Nennen Sie kurz und prägnant die jeweils wichtigsten Vorteile der linearen und degressiven Abschreibungsmethode!

Bearbeitungszeit: 5 Minuten

Coenenberg/Haller/Schultze, S. 159 ff.

Vorteile linearer Abschreibung
- Sie entspricht den aktuellen steuerlichen Vorgaben, sofern die betriebsgewöhnliche Nutzungsdauer der steuerlich vorgeschriebenen AfA-Dauer entspricht. Somit entstehen keine steuerlichen Parallelrechnungen und keine latenten Steuern.
- Sie ist einfach berechenbar und leicht verständlich.
- Sie unterstellt einen gleichmäßigen Werteverzehr, was mangels besserer Information häufig die plausibelste Annahme ist.

Vorteile degressiver Abschreibung
- Sie bildet überproportionale Wertverluste am Anfang der Nutzungsdauer besser ab (z. B. beim Kauf von Firmenwagen).
- Sie ist eher geeignet die Gesamtaufwandsbelastung aus einer Investition über die Nutzungsdauer konstant zu halten, da im Zeitablauf steigende Aufwendungen, z. B. für Instandhaltung oder Wartung, durch die sinkenden Abschreibungen kompensiert werden können.
- Sie verlagert bei steuerlicher Abzugsfähigkeit (derzeit in Deutschland für Neuanschaffungen nicht gegeben) die Steuerlast in die Zukunft.

2.2.1.12 Verbuchung der Steuerschuld

Eine Aktiengesellschaft hat am Jahresende eine Steuerschuld in Höhe von 100 T€. Wie zeigt sich der Sachverhalt bei folgenden drei Fällen? Welcher (genaue) Bilanzposten ist im jeweiligen Fall und in welcher Höhe relevant?

Bearbeitungszeit: 5 Minuten

§ 266

Tab. 4. Bilanzierung von Steuerforderungen und -schulden (Lösung).

Fall	Sachverhalt	Bilanzposten/Höhe
1	Die AG hat bereits 140 T€ vorausbezahlt.	40 T€ Forderung gegen das Finanzamt Ausweis: „Sonstige Vermögensgegenstände"
2	Die AG hat erst 80 T€ bezahlt. Der Steuerbescheid steht noch aus.	20 T€ Rückstellung Ausweis: „Steuerrückstellungen"
3	Die AG hat erst 80 T€ bezahlt, der Steuerbescheid bestimmt die Restfälligkeit auf den 10. Januar des Folgejahres.	20 T€ Verbindlichkeit gegenüber dem Finanzamt Ausweis: „Sonstige Verbindlichkeiten" mit Vermerk „davon aus Steuern"

2.2.1.13 Passiva

Was unterscheidet in der Bilanzierung eine (Verbindlichkeits-)Rückstellung von einer Verbindlichkeit?

Bearbeitungszeit: 5 Minuten

§ 249

Bacher, Kapitel 3.3.3.2
Rade/Stobbe, in: Hermann/Heuer/Raupach, § 5 Anm. 255
Coenenberg/Haller/Schultze, S. 423 ff.

Verbindlichkeitsrückstellungen sind Schulden, d. h. ihnen liegt eine Verpflichtung gegenüber einer außenstehenden Partei zu Grunde (z. B. Kunden, Lieferanten, Mitarbeiter). Im Gegensatz zu Verbindlichkeiten sind sie aber von höherer Unsicherheit geprägt. Je nach konkretem Sachverhalt kann sich die Unsicherheit auf den Grund, auf die Höhe der Verpflichtung und/oder auf die Fälligkeit der Verpflichtung beziehen.

Hinweis:
Die Pflicht zur Rückstellungsbildung ergibt sich aus dem Realisations- und Imparitätsprinzip: Erkennbare und wahrscheinliche Verluste sind schon bei Kenntnis (d. h. möglichst früh) und nicht erst bei Realisierung im Jahresabschluss zu berücksichtigen. Liegt ein konkretisierter Bezug künftiger Aufwendungen zu bereits realisierten Erträgen vor, gebietet das Realisationsprinzip (matching principle) die Passivierung von Verbindlichkeitsrückstellungen. Werden künftige Aufwendungen nicht mindestens durch künftige Erträge gedeckt, sind hierfür handelsrechtlich Drohverlustrückstellungen nach dem Imparitätsprinzip zu bilden.

Neben den Verbindlichkeits- und Drohverlustrückstellungen regelt § 249 noch eine andere Rückstellungsart, nämlich zwei spezifische Aufwandsrückstellungen: Rückstellungen für unterlassene Instandhaltung, die innerhalb von 3 Monaten nachgeholt wird, und Rückstellungen für unterlassene Abraumbeseitigung, die innerhalb von 12 Monaten nachgeholt wird.

Im Gegensatz zu den Verbindlichkeits- und Drohverlustrückstellungen besteht bei den Aufwandsrückstellungen keine Außenverpflichtung, d. h. es ist für das betreffende Unternehmen zwar zweckmäßig den entsprechenden Aufwand zu tragen, die Durchführung liegt aber im Ermessen der Unternehmensleitung.

2.2.1.14 Leverage-Effekt

Unter welchen Voraussetzungen führt die Substitution von Eigenkapital durch Fremdkapital zu einer

a) *Erhöhung*

b) *Verminderung*

der Eigenkapitalrentabilität.

Bearbeitungszeit: 5 Minuten

Bacher, Kapitel 7.2.2
Coenenberg/Haller/Schultze, S. 1070 ff.

Der Leverage-Effekt stellt einen (statischen) Zusammenhang zwischen Eigenkapitalrendite und Verschuldungsgrad her:

$$R_{EK} = R_{GK} + \frac{FK}{EK} (R_{GK} - i)$$

wobei

R_{EK} = Eigenkapitalrendite in %

R_{GK} = Gesamtkapitalrendite in %

FK = (absoluter Wert des) Fremdkapital

EK = (absoluter Wert des) Eigenkapital

i = (durchschnittlicher) Fremdkapitalzinssatz in %

a) Die Erhöhung des Verschuldungsgrads (= Substitution von EK durch FK) führt zu einer Erhöhung der Eigenkapitalrendite R_{EK}, sofern die Gesamtkapitalrendite R_{GK} **größer** ist als der durchschnittliche Fremdkapitalzinssatz (d. h. **$R_{GK} > i$**)

b) Umkehrung von a):
   Die Erhöhung des Verschuldungsgrads führt zu einer Verminderung der Eigenkapitalrendite, sofern die Gesamtkapitalrendite **kleiner** ist als der durchschnittliche Fremdkapitalzinssatz (d. h. **$R_{GK} < i$**).

2.2.1.15 Leverage-Effekt

Gegeben sei: Eigenkapital (EK) 10 M€, Fremdkapital (FK) 0 M€, Jahresüberschuss 1 M€. Der Unternehmer entnimmt 5 M€ und ersetzt sie durch FK, das er langfristig mit 6 % finanziert. Zeigen Sie den Leverage-Effekt.

Bearbeitungszeit: 5 Minuten

Bacher, Kapitel 7.2.2
Coenenberg/Haller/Schultze, S. 1070 ff.

Abkürzungen vgl. oben

Ausgangssituation:

$$R_{EK} = \text{Jahresüberschuss/EK} = 1\,\text{M€}/10\,\text{M€} = 10\,\%$$

Da zunächst kein FK verwendet wird, entspricht die Eigenkapitalrendite der Gesamtkapitalrendite, d. h. $R_{EK} = R_{GK} = 10\,\%$

Substitution von 5 M€ EK durch 5 M€ FK:

entweder

$$R_{EK} = R_{GK} + \frac{FK}{EK}\,(R_{GK} - i)$$

$$R_{EK} = 10\,\% + \frac{5\,\text{M€}}{5\,\text{M€}}(10\,\% - 6\,\%) = 14\,\%$$

oder

$$R_{EK} = \frac{\text{bisheriger Jahresüberschuss} - \text{neuer Zinsaufwand}}{\text{neues Eigenkapital}}$$

$$= \frac{1\,\text{M€} - 300\,\text{T€}}{5\,\text{M€}} = 14\,\%$$

Denn das neu aufgenommene Fremdkapital muss verzinst werden und dieser Zinsaufwand mindert den Jahresüberschuss.

Durch den Ersatz von 5 M€ Eigenkapital durch 5 M€ Fremdkapital erhöht sich die Eigenkapitalrendite von 10 % auf 14 %.

Hinweis:

Beim Leverage-Effekt erhöht sich nur die Eigenkapitalrendite. Der absolute Jahresüberschuss sinkt, da das zusätzliche Fremdkapital verzinst werden muss. Für das obige Beispiel:

Der Jahresüberschuss ist in der Ausgangslage 1 M€. Nach Substitution ist der Jahresüberschuss (bei Vernachlässigung von Steuereffekten):

$$1\,\text{M€} - \text{zusätzlicher Zinsaufwand } 0{,}3\,\text{M€}(5\,\text{M€} \times 6\,\%) = 0{,}7\,\text{M€}$$

Da der Jahresüberschuss aber relativ weniger abnimmt (−30 %) als das Eigenkapital (−50 %), steigt die Eigenkapitalrendite!

2.2.2 Lösungen zu Investitionsrechnung

2.2.2.1 Dynamische Investitionsrechnung
In einem Feriendorf kauft ein Hotelier drei Super-Quads zum Sonderpreis von insgesamt 12.500 €. Er rechnet mit einer Nutzungszeit von 5 Jahren. Die Quads verursachen pro Jahr 3 T€ zahlungswirksame Kosten (Kraftstoff, Reifen, Steuer, Versicherung, TÜV, Inspektion etc.) sowie (lineare) Abschreibungen. Mit guten Gründen rechnet der Hotelier mit Einzahlungen von 6 T€ in den ersten drei Jahren, in den folgenden zwei Jahren dann mit 5 T€. Nach fünf Jahren kann er die Quads für 2 T€ verkaufen und das Konzept neu überdenken.

Bearbeitungszeit: 10 Minuten

Bacher, Kapitel 9.3.3
Perridon/Steiner/Rathgeber, S. 52 ff.

---

a) *Zeichnen Sie den Zahlenstrahl.*

Ermittlung der Zahlungsreihe:

Tab. 5. Ermittlung einer Zahlungsreihe.

	t_0	t_1	t_2	t_3	t_4	t_5
Investition	−12.500					
Umsätze		+6.000	+6.000	+6.000	+5.000	+5.000
Verkaufserlös						+2.000
Kosten		−3.000	−3.000	−3.000	−3.000	−3.000
Zahlungsreihe	**−12.500**	**+3.000**	**+3.000**	**+3.000**	**+2.000**	**+4.000**

Zahlungsreihe in T€:

	t_0	t_1	t_2	t_3	t_4	t_5
	−12,5	+3	+3	+3	+2	+4

b) *Rechnet sich das Vorhaben bei einem Kalkulationszinssatz von 5 %?*
Dazu ist die Berechnung des Kapitalwerts mit 5 % erforderlich, d. h. Abzinsung aller Zahlungen auf t_0 mit 5 %. Alternativ kann dieser Kapitalwert auch in eine 5-jährige Annuität umgewandelt werden; da dies jedoch einen höheren Rechenaufwand erfordert und in der Aufgabenstellung nicht gefordert ist, wird dies nicht empfohlen.

in €:

$$K_0 = -12.500 + \frac{3.000}{1,05^1} + \frac{3.000}{1,05^2} + \frac{3.000}{1,05^3} + \frac{2.000}{1,05^4} + \frac{4.000}{1,05^5}$$

$$K_0 \approx -12.500 + 2.857 + 2.721 + 2.592 + 1.645 + 3.134 = 449$$

Der Kapitalwert beträgt 449 € und ist somit positiv, d. h. die Investition ist bei einem Kalkulationszinssatz von 5 % profitabel.

c) *Stellen Sie die (dynamische) Amortisation in einer Tabelle dar und prüfen Sie, ob nach 3 Jahren bereits 2/3 der Investition amortisiert sind!*

Tab. 6. Dynamische Amortisationsmethode.

Jahr	Diskontierte Rückflüsse	Kumulierte disk. Rückflüsse	In % der Investition
1	2.857	2.857	22,9 %
2	2.721	5.578	44,6 %
3	2.592	8.170	65,4 %
4	1.645	9.815	78,5 %
5	3.134	12.949	103,6 %

Nach dem 3. Jahr sind erst 65,4 % der ursprünglichen Investition amortisiert, d. h. weniger als 2/3.

2.2.2.2 Dynamische Investitionsrechnung

Bearbeitungszeit: 10 Minuten

Bacher, Kapitel 9.3.3.
Perridon/Steiner/Rathgeber, S. 52 ff.

Die Jonas GmbH hat die Möglichkeit, sich zwischen zwei Investitionsobjekten zu entscheiden, die folgende Zahlungsströme aufweisen (Kalkulationszinssatz 10 %):

Tab. 7. Investitionsprojekte Jonas GmbH (Lösung).

Periode	t_0	t_1	t_2
Investitionsobjekt 1 (IO1)	−100.000	+80.000	+40.000
Investitionsobjekt 2 (IO2)	−100.000	+33.000	+92.000

a) *Welche Investition sollte die Jonas GmbH wählen, wenn sie die Kapitalwertmethode als Entscheidungskriterium verwendet. Berechnen und interpretieren Sie hierfür bit-*

te die Kapitalwerte von IO1 und IO2. Gehen Sie auch auf die inhaltliche Bedeutung und die Prämissen der Kapitalwertmethode ein.

IO1 (in €):

$$K_0 = -100.000 + \frac{80.000}{1,1^1} + \frac{40.000}{1,1^2}$$

$$= -100.000 + 72.727 + 33.058 = 5.785$$

IO2 (in €):

$$K_0 = -100.000 + \frac{33.000}{1,1^1} + \frac{92.000}{1,1^2}$$

$$= -100.000 + 30.000 + 76.033 = 6.033$$

Ein positiver Kapitalwert bedeutet, dass ein zusätzlicher Überschuss über den Kalkulationszinssatz hinaus im Laufe der Investition verdient wird. Dabei handelt es sich um einen Barwert, d. h. dieser zusätzliche Wert kann heute bereits entnommen werden und wird dann im Laufe der Investition über den Kalkulationszinssatz hinaus verdient.

Der Barwert von IO2 ist größer als der von IO1 somit ist IO2 profitabler als IO1.

b) *Erläutern Sie bitte die Methode des internen Zinssatzes. Welche Annahme ist besonders problematisch und kann zu von der Kapitalwertmethode abweichenden Ergebnissen führen?*

Bei der Methode des internen Zinssatzes wird der Zinssatz gesucht, der dazu führt, dass der Kapitalwert einer bestimmten Zahlungsreihe genau 0 wird. Die wichtigste Annahme ist die eines vollkommenen Kapitalmarkts, d. h. jede beliebige Menge Geld kann zu genau einem Zinssatz geliehen oder investiert werden. Werden Investitionsalternativen mit unterschiedlichen Kapitalbindungen verglichen, bedeutet das, dass Kreditaufnahme bzw. Geldanlagen der betrachteten Investitionsalternativen immer zum jeweiligen internen Zinssatz erfolgen; das bedeutet, dass z. B. gleiche Geldbeträge zum gleichen Zeitpunkt zu unterschiedlichen Zinssätzen angelegt werden. Dies kann zu von der Kapitalwertmethode abweichenden Ergebnissen führen, da hier für alle zu vergleichenden Alternativen immer mit einem einheitlichen Zinssatz gerechnet wird.

2.2.3 Lösungen zu Finanzierung

2.2.3.1 Außenfinanzierung

Vergleichen Sie Eigen- und Fremdkapital anhand der nachstehenden Kriterien stichpunktartig:

a) *Interesse des Kapitalnehmers.*
b) *Interesse des Kapitalgebers.*

c) *Vergütung für die Kapitalhingabe.*
d) *Vermögensanspruch bei Liquidation des kapitalaufnehmenden Unternehmens.*

Bearbeitungszeit: 10 Minuten

Bacher, Kapitel 11.2.1
Perridon/Steiner/Rathgeber, S. 389 ff.

Tab. 8. Unterschiede zwischen Eigenkapital und Fremdkapital.

	Eigenkapital	**Fremdkapital**
Interesse des Kapitalnehmers	– Unbefristete Überlassung – Keine festen Zahlungen	– Kein (formaler) Einfluss des Kapitalgebers auf die Geschäftsführung – Nutzung des Leverage-Effekts – Steuerliche Abzugsfähigkeit der Zinsen
Interesse des Kapitalgebers	– Gewinnausschüttung – Wertzuwachs des Unternehmens	– Dauerhafte Kapitaldienstfähigkeit – Stabile Unternehmensentwicklung
Vergütung	– Variabler Gewinnanteil – Anteil am Liquidationserlös	– Regelmäßige Zinszahlung
Vermögensanspruch bei Liquidation des Unternehmens	Ja – anteilsmäßiger Anspruch auf das Nettovermögen	Nein – nomineller Rückzahlungsanspruch des geliehenen Geldes

2.2.3.2 Kapitalbedarfsplanung

a) *Definieren Sie kurz den Begriff „Kapitalbedarf", z. B. anhand einer einfachen Formel.*
b) *Wie verändert sich der Kapitalbedarf des Umlaufvermögens, wenn …*
   aa) *den Kunden ein höheres Zahlungsziel eingeräumt wird?*
   bb) *durch Umorganisation ein Zwischenlager in der Produktion auf andere Lagerorte verteilt wird?*
   cc) *die Preise von Investitionsgütern und Rohstoffen steigen und diese Kostensteigerungen wegen des Konkurrenzdrucks nicht in höhere Verkaufspreise münden?*

Bearbeitungszeit: 5 Minuten

Bacher, Kapitel 8.3.3
Olfert, Finanzierung, S. 75 ff.

a) Kapitalbedarf (einer Periode) = Einzahlungen (der Periode) – Auszahlungen (der Periode)
b) aa) Der Kapitalbedarf erhöht sich, da die Einzahlungen durch das höhere Zahlungsziel pro Periode (zunächst) verringert werden.
  bb) Sofern nur das Lager aufgelöst und das Material auf andere Standorte verteilt wird, sich aber die Produktions- und Beschaffungsprozesse nicht substanziell ändern, wird der Kapitalbedarf nicht verändert. Eine Änderung des Lagerorts führt nicht zu einer Änderung der Zahlungsströme.
  Nur wenn z. B. die Produktionsprozesse so verändert werden, dass insgesamt schneller produziert wird oder weniger Material benötigt wird, verringert sich der Kapitalbedarf, weil die Einzahlungen aufgrund der geringeren Produktionsdauer schneller erfolgen.
  cc) Preissteigerungen, die nicht weitergegeben werden können, erhöhen den Kapitalbedarf, da sie die Auszahlungen erhöhen, ohne dass die Einzahlungen steigen.

Hinweis:
Ein umfassenderes Schema zur Kapitalbedarfsermittlung mit Überleitung zum Finanzierungssaldo sieht wie folgt aus:
Kapitalbindende Maßnahmen
  – Kapitalbedarf für Investitionen in Anlagevermögen
  – Kapitalbedarf für Investitionen in Umlaufvermögen
+ **Kapitalentziehende Maßnahmen**
  – Rückzahlung von Eigen- oder Fremdkapital
  – Gewinnausschüttungen, Zins- und Steuerzahlungen
  – zu deckende Verluste
= **Kapitalbedarf der Planperiode**
– **Finanzierungsquellen der Planperiode**
  – kapitalfreisetzende Maßnahmen, insb. operativer Zahlungsüberschuss (operativer Cash Flow)
  – (bereits geplante) kapitalerhöhende Maßnahmen, d. h. Zuführung von Eigen- oder Fremdkapital
= **Finanzierungssaldo**

2.2.3.3 Kapitalerhöhung

Die Aktie der Flachstahl AG steht bei 75 € pro Stück. Die Flachstahl AG erhöht ihr Grundkapital von 50 M€ auf 60 M€. Der Ausgabepreis der neuen Aktien beträgt 60 € pro Stück.

a) *Wie hoch ist der rechnerische Wert des Bezugsrechts?*

b) *Beschreiben Sie in diesem Zusammenhang den Agioeffekt in einem Satz und benennen Sie den Bilanzposten auf den das Agio gebucht wird!*

Bearbeitungszeit: 5 Minuten

Bacher, Kapitel 11.2.3.3
Olfert, Finanzierung, S. 281 ff.

---

a) Der Wert des Bezugsrecht ergibt sich aus folgender Formel:

$$K_{BR} = \frac{K_{alt} - K_{Ausgabe}}{\frac{a}{n} + 1} = \frac{75\,€ - 60\,€}{\frac{50\,M€}{10\,M€} + 1} = 2,50\,€$$

wobei

K_{BR} = (rechnerischer) Preis des Bezugsrechts

K_{alt} = Kurs der Aktie vor Kapitalerhöhung

$K_{Ausgabe}$ = Ausgabekurs der neuen Aktien

a = Anzahl alter Aktien bzw. Grundkapital vor Kapitalerhöhung

n = Anzahl neuer Aktien bzw. Erhöhung des Grundkapitals

b) Als Agio bezeichnet man ein Aufgeld, das über den Nominalwert der Aktien hinaus bezahlt wird. Der gesamte Mittelzufluss aus der Kapitalerhöhung erhöht das Eigenkapital. Der Nominalwert erhöht bei der Kapitalerhöhung das Grundkapital, das Agio erhöht die Kapitalrücklage.

Hinweis:

Aufwendungen, die im Rahmen einer Kapitalerhöhung entstehen (z. B. Beratungskosten durch Anwälte und Investmentbanken, Notariatsgebühren) unterliegen nach § 248 Abs. 1 Nr. 2 einem Aktivierungsverbot und nach § 272 Abs. 2 einem Verrechnungsverbot mit der Kapitalrücklage. Sie sind immer als Aufwand der jeweiligen Periode in der Gewinn- und Verlustrechnung zu erfassen.

2.2.3.4 Lieferantenkredit

Lilli Lampe bestellt für ihr Beleuchtungsgeschäft Lampen im Wert von 8.000 €. Die Rechnung des Lieferanten beinhaltet folgenden Hinweis: „Zahlbar innerhalb von 8 Tagen unter Abzug von 2% Skonto oder nach 30 Tagen rein netto." Wie hoch sind die Zinssätze p. a. dieser Lieferantenkredite (runden Sie kaufmännisch auf eine Nachkommastelle)? Lassen Sie die Umsatzsteuer außen vor.

Bearbeitungszeit: 5 Minuten

Bacher, Kapitel 11.2.4
Perridon/Steiner/Rathgeber, S. 455

---

1. Kredit:
Tag 1 bis Tag 7: 7.840 € (8.000 € abzgl. 2 % Skonto) zu 0 %

2. Kredit:
Tag 8 bis Tag 30: 7.840 € zu 2 % für 22 Tage; für diesen Kredit fallen 160 € Zinsen an (8.000 € – 7.840 € = 160 €):

$$\frac{160\,\text{€}}{7.840\,\text{€}} \times \frac{365\,\text{Tage}}{22\,\text{Tage}} = 33,4\,\%\ \text{p. a.}$$

Hinweis:
Der Zinssatz von 33,4 % des zweiten Kredits stellt die Ersparnis für Lilli Lampe dar, wenn sie das Skonto in Anspruch nimmt. Solange ihr Bankzinssatz niedriger ist (oder sie über Guthaben verfügt), ist es günstiger Skonto zu ziehen als den Lieferantenkredit in Anspruch zu nehmen.

Aus Lieferantensicht macht das Sinn, da das Skonto einen Anreiz für eine zügige Zahlung setzen soll.

2.2.3.5 Finanzbedarf
Clara Clever möchte für 600 T€ ein mittelständisches Beratungsunternehmen (Einzelunternehmen) erwerben, das jedes Jahr einen Gewinn vor Steuern und vor Unternehmerlohn von 140 T€ erwirtschaftet. Sie übernimmt das Unternehmen bilanziell geräumt, d. h. ohne aktivierte Aktiva und ohne passivierte Passiva. Der Geschäfts- oder Firmenwert kann handelsrechtlich und steuerlich über 6 Jahre abgeschrieben werden. Clara hat 30 T€ Eigenkapital. Zum Leben benötigt sie jährlich 20 T€. Ihr Steuersatz beträgt 50 %. Wie viel Kredit muss sie aufnehmen, wenn sie den Kaufpreis in 6 gleichen Jahresraten, beginnend mit dem Kaufdatum bezahlen will?

Bearbeitungszeit: 10 Minuten

Stichwörter:
Geschäfts- oder Firmenwert, Finanzierung aus Abschreibungen, Kapitalbedarf

---

Zeitlinie der Kaufpreis-Zahlungen in T€:

t_0	t_1	t_2	t_3	t_4	t_5
−100	−100	−100	−100	−100	−100

Geschäfts- oder Firmenwert (GoFW):

Kaufpreis	600 T€
– Nettovermögen	0 T€
= GoFW	600 T€

jährliche Abschreibung 100 T€ bei einer Nutzungsdauer von 6 J.
Ergebnisentwicklung:

Gewinn von Steuern und Unternehmerlohn	140 T€
Abschreibung GoFW	−100 T€
Gewinn vor Steuern	40 T€
Steuer bei 50 % Steuersatz	−20 T€
Entnahmefähiger Gewinn (nach Steuer)	**20 T€**

Die Abschreibung auf den GoFW stellt (wie jede Abschreibung) einen auszahlungslosen Aufwand dar. Sofern die bisherigen Gewinne weiter erzielt werden, stehen ab t_1 entsprechende Zahlungsmittel zur Tilgung der Raten zur Verfügung.

Kapitalbedarf für die einzelnen Perioden:

	Rate	Eigene Mittel	Kredit
t_0	100	30 EK	70
t_1	100	100 Abschreibung	0
etc.			

Clara Clever braucht somit lediglich für die erste Rate des Kaufpreises einen Kredit in Höhe von 70 T€. Alle weiteren Raten kann sie aus den verdienten Abschreibungen finanzieren. Für ihre Lebenshaltung stehen noch 20 T€ Nachsteuergewinn zur Verfügung, die lt. Sachverhalt ausreichend sind.

Hinweis:

Diese Aufgabe ist zwar vom Umfang her eher eine „kleine" Aufgabe, vom Schwierigkeitsgrad her aber eher eine Fallstudie, weil zur Bearbeitung Fachwissen aus mehreren Bereichen angewendet und kombiniert werden muss.

2.2.3.6 Finanzplanung

Sie sind Assistent des Finanzchefs und bereiten eine fast 100%ige-Bankfinanzierung für die Anschaffung eines Firmenwagens und den Erwerb eines Grundstücks samt Bau einer Werkhalle vor. Wie hoch sollte der Tilgungsanteil beim jeweiligen Darlehen sein. Begründen Sie Ihr Urteil betriebswirtschaftlich kurz in Stichworten!

Bearbeitungszeit: 5 Minuten

Grundsatz:

Die Tilgungsdauer eines Darlehens, das einen bestimmten Vermögensgegenstand finanziert, sollte dessen Nutzungsdauer nicht überschreiten, weil sonst das Nutzungspotenzial des Vermögensgegenstands nicht mehr zur Tilgung genutzt werden kann: Werden die Abschreibungen durch entsprechenden Umsatz verdient, stehen sie als Finanzmittel zur Tilgung zur Verfügung und sollten bei einer vorsichtigen Finanzplanung auch für die Tilgung verwendet werden.

Anders formuliert: Die Tilgung sollte mindestens den Abschreibungen entsprechen.

Firmenwagen:

Annahme einer Nutzungsdauer von 5 Jahren bis 7 Jahren

→ dann sollte der Tilgungsanteil mindestens 20 % betragen

Werkhalle:

Annahme einer Nutzungsdauer von 25–30 Jahren

→ dann sollte der Tilgungsanteil mindestens 4 % betragen.

Besonderheit hierbei: Das Grundstück wird nicht abgeschrieben, der finanzierende Kredit muss aber trotzdem getilgt werden. Je nach Wertverhältnissen und Kapitalbedarf können die 4 % für die gesamte Investition für Grundstück und Gebäude verwendet werden.

2.2.3.7 Zerobond

Ein Zerobond wird mit 75 % ausgegeben und in 8 Jahren zu pari zurückbezahlt. Welche Rendite hat der Zerobond?

Bearbeitungszeit: 5 Minuten

Bacher, Kapitel 9.1
Perridon/Steiner/Rathgeber, S. 440 f. und S. 193 f.

Dabei ist von der allgemeinen Zinseszinsformel auszugehen:

$$K_n = K_0 (1 + i)^n$$

wobei

K_n = Kapital nach n Perioden
K_0 = Anfangskapital in Periode 0
i = Zinssatz
n = Anzahl der Perioden
umgeformt und aufgelöst nach i ergibt sich:

$$i = \sqrt[n]{\frac{K_n}{K_0}} - 1 = \sqrt[8]{\frac{100}{75}} - 1 \approx 3{,}7\,\%\ \text{p.\,a.}$$

Der Zerobond erbringt somit eine Rendite von rd. 3,7 % pro Jahr.

2.2.3.8 Finanzierung aus Abschreibungen

Willi Werner betreibt einen Fotoshop. Zum Ausdruck digitaler Bilder hat er am 1.1.20X1 drei Großformat-Fotodrucker (Nutzungsdauer: 4 Jahre) zum Preis von 12.000 € pro Stück gekauft. Auf welche Periodenkapazität (d. h. Anzahl an Großformatdruckern) kann Willi innerhalb von 10 Jahren maximal kommen, wenn er für die zusätzlichen Geräte keine weiteren Kredite aufnehmen will und die Investitionen jeweils zum Jahresanfang erfolgen.

Bearbeitungszeit: 10 Minuten

Bacher, Kapitel 11.3.5
Perridon/Steiner/Rathgeber, S. 510 ff.

Tab. 9. Finanzierung aus Abschreibungen (in T€).

Jahr	Abschreibungen für Drucker					Summe Abschr.	Reinvest.	Konto-korrent	Perioden-Kapazität
	Nr. 1	Nr. 2	Nr. 3	Nr. 4	Nr. 5				
1	3	3	3			9	0	9	3
2	3	3	3			9	12	6	3
3	3	3	3	3		12	12	6	4
4	3	3	3	3	3	15	12	9	5
5	3			3	3	9	12	6	3
6	3	3		3	3	12	12	6	4
7	3	3	3		3	12	12	6	4
8	3	3	3	3		12	12	6	4
9	3	3	3	3		12	12	6	4
10	3	3	3	3		9	12	3	4

Die Felder ohne Schraffur sind Drucker, die als Erstausstattung angeschafft werden. Felder mit hellgrauer Schraffur sind die erste Ersatzinvestition nach frühestens 4 Jahren. Felder mit dunkelgrauer Schraffur sind die zweite Ersatzinvestition nach frühestens 8 Jahren.

Felder ohne Wert bedeuten, dass im betreffenden Jahr dieser Drucker nicht vorhanden war, entweder weil er noch nicht angeschafft worden ist (Drucker 4 und 5 in Jahr 1, 2 und 3), oder weil er noch nicht wieder ersetzt werden konnte, z. B. Drucker 2 im Jahr 5.

Die maximale Periodenkapazität (letzte Spalte von Tabelle 9) wird in Periode 4 erreicht und beträgt 5 Drucker.

2.2.3.9 Annuitätentilgung

*Wie sieht der Zins- und Tilgungsplan (gerundet auf volle €) für folgendes Annuitäten-
darlehen aus (Kreditsumme 1 M€, 10 Jahre Laufzeit, Zinssatz 4,5 %). Gehen Sie davon
aus, dass das Darlehen nach 10 Jahren vollständig getilgt sein soll.*

Bearbeitungszeit: 10 Minuten

Bacher, Kapitel 11.2.4.4
Olfert, S. 380 ff.

Annuitätentilgung bedeutet, dass der Kredit mittels einer konstanten Annuität getilgt
wird; die Annuität ist die Summe aus Zins und Tilgung. Da die Zinszahlungen im Zeitablauf aufgrund der erfolgten Tilgungen abnehmen, nimmt der Tilgungsanteil der Annuität im Zeitablauf zu.

Um den Zahlungsplan erstellen zu können, muss zunächst die Annuität berechnet werden:

$$K_0 = A \frac{(1+i)^n - 1}{(1+i)^n i} \text{ somit ist } A = K_0 \frac{(1+i)^n i}{(1+i)^n - 1}$$

wobei
K_0 = Kreditbetrag (Barwert der Annuitäten)
A = konstante Annuität (Summe aus Zins und Tilgung)
i = Zinssatz pro Jahr
n = Kreditlaufzeit in Jahren
RBW = Restbuchwert

Für die konkrete Aufgabe ergibt sich (auf ganze € gerundet):

$$A = K_0 \frac{(1+i)^n i}{(1+i)^n - 1} = 1.000 \, T€ \frac{(1,045)^{10} 0,045}{(1,045)^{10} - 1} = 126.372$$

Tab. 10. Zahlungsplan (in €) bei Annuitätentilgung.

Jahr	RBW Beginn	Zins	Tilgung	Annuität	RBW Ende
1	1.000.000	45.000	81.372	126.372	918.628
2	918.628	41.338	85.034	126.372	833.594
3	833.594	37.512	88.860	126.372	744.734
4	744.734	33.513	92.859	126.372	651.875
5	651.875	29.334	97.038	126.372	554.837
6	554.837	24.968	101.404	126.372	453.433
7	453.433	20.404	105.968	126.372	347.465
8	347.465	15.635	110.737	126.372	236.728
9	236.728	10.653	115.719	126.372	121.009
10	121.009	5.445	121.009	126.454	0

Die abweichende Annuität in Jahr 10 ist hier auf Rundungsdifferenzen zurückzuführen, die sich aus der Darstellung in vollen € ergeben.

2.2.3.10 Kapitalerhöhung

a) *Nennen Sie die Ihnen bekannten Formen der Kapitalerhöhung und erläutern Sie diese mit wenigen treffenden Stichpunkten.*

b) *Warum hat der Gesetzgeber ein Bezugsrecht gesetzlich verankert?*

Bearbeitungszeit: 10 Minuten

Bacher, Kapitel 11.2.3.3
Olfert, S. 280 ff.

---

a) Formen der Kapitalerhöhung

Eine ordentliche oder bedingte Kapitalerhöhung bzw. ein genehmigtes Kapital müssen mit 75 %-Mehrheit auf der Hauptversammlung beschlossen werden.

Ordentliche Kapitalerhöhung
 – Ziel: Ausgabe neuer Aktien zur Erhöhung des Eigenkapitals.
 – Den Altaktionären steht ein Bezugsrecht zu.

Bedingte Kapitalerhöhung
 – Kapitalerhöhung hängt von einer Bedingung ab, z. B. dass das Wandlungsrecht einer Wandelanleihe oder eine Kaufoption ausgeübt wird.
 – das gesetzliche Bezugsrecht muss ausgeschlossen werden.

Genehmigtes Kapital
 – Ermächtigung des Vorstands, innerhalb einer festen Frist das Kapital um einen festgelegten Betrag zu erhöhen.
 – erhöht die Handlungsfähigkeit des Vorstands und erleichtert die Nutzung günstiger Kapitalmarktbedingungen bzw. kann zur Nutzung der eigenen Aktien als Zahlungsmittel bei Unternehmenserwerben eingesetzt werden.

Kapitalerhöhung aus Gesellschaftsmitteln
 – Erhöhung des Grundkapitals durch Umbuchung von Gewinnrücklagen.
 – kein Mittelzufluss (d. h. keine Finanzierungstransaktion).
 – führt zur Ausgabe von Gratisaktien, d. h. die Anzahl der ausgegebenen Aktien wird erhöht.

b) Gründe für das gesetzliche Bezugsrecht

Schutz der Rechte der Altaktionäre bei einer Kapitalerhöhung, um
 – eine Stimmrechtsverwässerung zu vermeiden, d. h. durch Ausübung der Bezugsrechte kann der Anteil am Gesamtkapital konstant gehalten werden.

- eine Kapitalverwässerung zu vermeiden, d. h. der (rechnerische) Wert der Bezugsrechte kompensiert den Wertverlust der Aktien, wenn die neuen Aktien zu einem geringeren Kurs ausgegeben werden.

3 Multiple-Choice-Aufgaben

3.1 Themenblock Bilanzierung

Eine, mehrere oder alle Aussagen sind richtig. Kreuzen Sie jeweils die **richtige** Aussage an!

Bearbeitungszeit pro Aufgabe: 2 Minuten

1. **Einnahme/Ausgabe/Ertrag/Aufwand/Leistung / Kosten**
   (a) Alle Einnahmen oder Ausgaben sind auch Erträge oder Aufwendungen.
   (b) Erträge und Aufwendungen ordnen Einnahmen oder Ausgaben entsprechend dem Realisationsprinzip periodengerecht zu.
   (c) Alle Kosten sind auch Aufwendungen.
   (d) Neutrale Aufwendungen sind keine Kosten, weil sie betriebsfremd, periodenfremd oder außerordentlich sind.
   (e) Nur der Zweckaufwand entspricht den Grundkosten.

2. **Jahresabschluss**
   Der Jahresabschluss nach deutschem Handelsrecht ...
   (a) besteht mindestens aus Bilanz und Gewinn- und Verlustrechnung.
   (b) erfordert immer eine Kapitalflussrechnung.
   (c) besteht für eine mittelgroße Kapitalgesellschaft mindestens aus Bilanz, Gewinn- und Verlustrechnung und Anhang (sofern keine Erleichterungen genutzt werden).
   (d) erfordert einen Anhang nur auf freiwilliger Basis.
   (e) ist für alle Unternehmen identisch.

3. **Jahresabschluss**
   Der Jahresabschluss soll ein den tatsächlichen Verhältnissen entsprechendes Bild der Vermögens-, Finanz- und Ertragslage geben; das bedeutet, ...
   (a) dass die Strategien des Managements im Detail erklärt werden müssen.
   (b) dass die Grundsätze ordnungsmäßiger Buchführung angewendet werden müssen.
   (c) dass ein unabhängiger Abschlussprüfer jeden Abschluss prüfen muss.
   (d) dass man den Jahresabschluss ohne jede weitere Information verwenden kann.
   (e) dass die Vermögens-, Finanz- und Ertragslage der Gesellschaft in klarer und konsistenter Weise unter Beachtung der gesetzlichen Regelungen dargestellt wird.

4. **Bilanz**

Eine Bilanz ...

(a) umfasst alle Vermögensgegenstände, Schulden und das Eigenkapital der Gesellschaft.

(b) stellt die Vermögens- und Finanzlage einer Gesellschaft zu einem bestimmten Zeitpunkt dar.

(c) gibt zusätzliche Informationen über Zahlungsflüsse.

(d) deckt immer eine gesamte Berichtsperiode ab.

(e) kann ohne Schätzungen erstellt werden und gibt immer leicht verständliche und eindeutige Informationen.

5. **Bestandsveränderungen in der Bilanz**

(a) Beim Aktivtausch verändern sich nur Positionen auf der Aktivseite.

(b) Beim Passivtausch nimmt ein Passivposten wertmäßig zu, ein anderer ab.

(c) Beim Passivtausch verändert sich die Bilanzsumme.

(d) Bei der Aktiv-Passiv-Mehrung (Bilanzverlängerung) nimmt sowohl mindestens ein Aktivposten als auch mindestens ein Passivposten zu.

(e) Bei der Aktiv-Passiv-Minderung (Bilanzverkürzung) verringern sich die Aktiv- und Passivseite unterschiedlich.

6. **Gewinn- und Verlustrechnung (1)**

Eine Gewinn- oder Verlustrechnung ...

(a) umfasst sämtliche Geschäftsvorfälle, die nicht in die Bilanz aufgenommen werden können.

(b) umfasst alle Erträge und Aufwendungen des Geschäftsjahres.

(c) muss in genau einem gesetzlich vorgegebenen Format erstellt werden.

(d) kann bei Kapitalgesellschaften entweder nach dem Gesamtkostenverfahren oder dem Umsatzkostenverfahren erstellt werden.

(e) kann in einer beliebigen Weise, die mit dem Eigenkapital abgestimmt werden kann, erstellt werden.

7. **Gewinn- und Verlustrechnung (2)**

(a) Die Gewinn- und Verlustrechnung gibt einen guten Einblick in die Liquiditätslage des Unternehmens.

(b) Erträge und Aufwendungen sind grundsätzlich separat zu zeigen (Bruttoprinzip), um einen möglichst umfassenden Einblick in die Ertragslage zu geben.

(c) Erträge und Aufwendungen, bei denen ein sachlicher Zusammenhang besteht, sind möglichst weitgehend zu verrechnen, um einen schnellen Überblick über die Ertragslage zu ermöglichen.

(d) Kapitalgesellschaften haben ein Wahlrecht, ob sie die Gewinn- und Verlustrechnung in Konto- oder in Staffelform erstellen.

(e) Die Staffelform ist zweckmäßiger, da sie einfach die Ermittlung von Zwischensummen ermöglicht.

8. **Anhang (1)**
   (a) Bei einer GmbH, die keine Kleinstkapitalgesellschaft ist, ist der Anhang Pflichtbestandteil des Jahresabschlusses.
   (b) Bei einer OHG ist der Anhang Pflichtbestandteil des Jahresabschlusses.
   (c) Eine GmbH & Co. KG kann die Erstellung eines Anhangs vermeiden, sofern die Großmutter des Geschäftsführers als Komplementärin in die Gesellschaft eintritt.
   (d) Aufgabe des Anhangs ist es, Bilanz und GuV zu erläutern (Interpretations-, Ergänzungs- und Korrekturfunktion des Anhangs).
   (e) Im Anhang muss ein in der Bilanz und GuV missverständlich dargestelltes Bild der Vermögens-, Finanz- und Ertragslage korrigiert werden.

9. **Anhang (2)**
   (a) Neben finanziellen Leistungsindikatoren muss der Anhang einer großen Kapitalgesellschaft auch nichtfinanzielle Leistungsindikatoren beinhalten.
   (b) Sinn und Zweck des Anhangs ist es, den Jahresabschluss zu erläutern.
   (c) Der Anhang muss nur von großen Kapitalgesellschaften aufgestellt werden.
   (d) Im Anhang einer mittelgroßen AG ist die Vergütung der Organmitglieder darzustellen.
   (e) Umfang und Inhalt des Anhangs sind im Gesetz exakt bestimmt und frei von Ermessensentscheiden.

10. **Kapitalflussrechnung** Wie wird eine Kapitalflussrechnung entsprechend der indirekten Methode ermittelt?
    (a) Ein Aufwand, der keinen Zahlungsmittelabfluss darstellt, wird zum Jahresüberschuss hinzugerechnet.
    (b) Ein Ertrag, der keinen Zahlungsmittelabfluss darstellt, wird zum Jahresüberschuss hinzugerechnet.
    (c) Eine Zunahme von Vermögensgegenständen wird als Zahlungsmittelabfluss angesehen und vom Jahresüberschuss abgezogen.
    (d) Eine Abnahme von Vermögensgegenständen wird als Zahlungsmittelabfluss angesehen und vom Jahresüberschuss abgezogen.
    (e) Veränderungen von Vermögensgegenständen oder Schulden sind nicht relevant für die Kapitalflussrechnung, da sie nur auf Zahlungen abstellt.

11. **Ziel des Konzernabschlusses**
    (a) Aufgabe des Konzernabschlusses ist es, die Bemessungsgrundlage für die Konzernsteuern zu schaffen.
    (b) Aufgabe des Konzernabschlusses ist es, einen Einblick in die wirtschaftliche Lage des Konzerns durch die Addition der Abschlüsse der einzelnen Konzernunternehmen zu schaffen.
    (c) Aufgabe des Konzernabschlusses ist die Ermittlung der definitiven Ausschüttungs- und Zahlungsbemessung.

(d) Aufgabe des Konzernabschluss ist es, einen treffenden Einblick in die wirtschaftliche Lage des Konzerns zu ermöglichen.

(e) Keine Antwort ist richtig.

12. Grundsätze ordnungsmäßiger Buchführung (GoB)

(a) Der Grundsatz der Vergleichbarkeit/Stetigkeit besagt, dass die Information, die im Jahresabschluss gegeben wird, mit der Information aus früheren Jahren vergleichbar sein soll. Er kann in formale Stetigkeit und materielle Stetigkeit unterteilt werden.

(b) Das Realisationsprinzip besagt, dass ein Gewinn so früh wie möglich ausgewiesen werden muss.

(c) Der Grundsatz der Einzelbewertung besagt, dass der Wert jedes Mitarbeiters ohne jede Diskriminierung ermittelt werden muss.

(d) Das Stichtagsprinzip besagt, das jede Information, von der man nach dem Bilanzstichtag Kenntnis erlangt, nicht verwendet werden darf.

(e) Das Imparitätsprinzip besagt, dass – bei Vermögensgegenständen oder schwebenden Geschäften – ein erwarteter Verlust bereits vor seiner Realisierung berücksichtigt werden muss. Es ist Teil des Vorsichtsprinzips.

13. Beispiele für GoB sind:

(a) Das Saldierungsverbot

(b) Das Anschaffungskostenprinzip

(c) Der Beleggrundsatz (= keine Buchung ohne Beleg)

(d) Das Höchstwertprinzip auf der Aktivseite der Bilanz

(e) Das Niederstwertprinzip auf der Passivseite der Bilanz

14. Mit den GoB ist vereinbar:

(a) Der Bilanzstichtag kann vom 31. 12. 2013 auf den 31. 01. 2015 verlegt werden.

(b) Drohende Verluste sind im handels- und im steuerrechtlichen Jahresabschluss zwingend zu passivieren.

(c) Das Wertaufholungsgebot gilt nur in der Handelsbilanz.

(d) Handelsrechtlich und steuerlich dürfen Gewinne nur bilanziert werden, wenn sie realisiert sind.

(e) Kalkulatorische Kosten dürfen nicht im Jahresabschluss angesetzt werden.

15. Imparitätsprinzip (1)

(a) Schwebende Geschäfte werden niemals in der Bilanz angesetzt.

(b) Das strenge Niederstwertprinzip gilt für alle Vermögensgegenstände.

(c) Eine temporäre Wertminderung einer Finanzanlage kann in der Handelsbilanz berücksichtigt werden.

(d) Bei immateriellen Vermögensgegenständen des Anlagevermögens und Sachanlagen müssen dauerhafte Wertminderungen in der Handelsbilanz berücksichtigt werden.

(e) Eine temporäre Wertminderung von Wertpapieren des Umlaufvermögens ist handelsrechtlich kein Grund für eine Abschreibung.

16. **Imparitätsprinzip (2)**
    (a) Nach dem Imparitätsprinzip dürfen Restwerte bei der Abschreibungsermittlung niemals angesetzt werden.
    (b) Nach dem Imparitätsprinzip müssen Verluste bereits berücksichtigt werden, wenn sie wahrscheinlich entstanden sind.
    (c) Nach dem Imparitätsprinzip müssen Vorräte mit dem Verbrauchsfolgeverfahren bewertet werden, das zum jeweils niedrigeren Wertansatz führt.
    (d) Nach dem Imparitätsprinzip müssen zusätzlich zu den planmäßigen Abschreibungen noch weitere Abschreibungen vorgenommen werden, wenn der Wert eines Vermögensgegenstandes nachhaltig unter seinen Buchwert gesunken ist.
    (e) Nach dem Imparitätsprinzip müssen auch erwartete Verluste aus schwebenden Geschäften gezeigt werden.

17. **Inventur/Inventar**
    (a) Jede Gesellschaft muss wenigstens einmal im Jahr eine Inventur machen.
    (b) Eine Inventur zu machen bedeutet, jedes Teil einzeln zu zählen; es gibt keine Vereinfachungen.
    (c) Die Inventur muss am Bilanzstichtag durchgeführt werden; daher schließen Einzelhändler häufig ihre Geschäfte am 31. Dezember.
    (d) Am Bilanzstichtag zu zählen ist die grundsätzliche Methode, aber je nachdem wie das Rechnungswesen organisiert ist, kann die Inventur auch vor- oder nachverlagert oder zu einem ganz anderen Zeitpunkt durchgeführt werden.
    (e) Das Inventar umfasst alle Vermögensgegenstände und Schulden, auch wenn es sich in der Durchführung häufig auf das Umlaufvermögen konzentriert. Das bedeutet, dass eine Gesellschaft für jeden Vermögensgegenstand und für jede Schuld einen dokumentierten Existenznachweis benötigt (unter Berücksichtigung möglicher Bewertungsvereinfachungen).

18. **Ansatz von Vermögensgegenständen**
    (a) Alle Gegenstände, die man anfassen kann und die das Unternehmen nutzt, müssen in der Bilanz erfasst werden.
    (b) Nur Vermögensgegenstände, die separat bewertbar und verwertbar sind sowie wirtschaftlichen Nutzen stiften, sind aktivierungsfähig.
    (c) Nur Vermögensgegenstände, die im rechtlichen Eigentum der Gesellschaft sind, können in der Bilanz angesetzt werden.
    (d) Der Bilanzansatz folgt dem wirtschaftlichen Eigentum: Wer die Vorteile und Risiken aus einem Vermögensgegenstand hat, muss ihn bilanzieren.
    (e) Rechtliches und wirtschaftliches Eigentum sind in der Praxis fasst immer gleich – die Unterscheidung ist nur akademisch.

19. Die Aktivierung als Vermögensgegenstand setzt Folgendes voraus:

    (a) Selbständige Bewertbarkeit, selbständige Verwertbarkeit, Erhöhung des Nettovermögens.

    (b) Selbständige Bewertbarkeit, selbständige Verwertbarkeit, Ressourcenzufluss.

    (c) Selbständige Bewertbarkeit, selbständige Verwertbarkeit, zukünftiger Nutzen.

    (d) Gruppenbewertung ist ausreichend, selbständige Verwertbarkeit, Abnahme der Verbindlichkeiten.

    (e) Gruppenbewertung ist ausreichend, selbständige Verwertbarkeit, Abfluss von Zahlungsmitteln.

20. Ansatz von Schulden

    (a) Schulden können nur angesetzt werden, wenn eine rechtliche Verpflichtung besteht.

    (b) Schulden müssen sicher sein, ansonsten können sie nicht angesetzt werden.

    (c) Man hat nur Schulden, wenn man Bankkredite aufnimmt.

    (d) Kulanzrückstellungen sind oft nur mit dem bisherigen Verhalten begründet und beruhen daher häufig auf einer faktischen Verpflichtung.

    (e) Eine faktische Verpflichtung, die eine wirtschaftliche Belastung darstellt und bewertbar ist, ist ausreichend für den Ansatz eines Schuldpostens.

21. Ansatzwahlrechte

Nach deutschem Handelsrecht bestehen Ansatzwahlrechte für

    (a) ein Disagio.

    (b) jede Art von Rückstellungen.

    (c) einen Geschäfts- oder Firmenwert.

    (d) einen selbsterstellten immateriellen Vermögensgegenstand des Anlagevermögens.

    (e) jede Form von Rücklagen.

22. Ansatzverbote

Nach deutschem Handelsrecht ist der Ansatz der folgenden Geschäftsvorfälle in der Bilanz verboten:

    (a) Aufwendungen für die Gründung der Gesellschaft.

    (b) Erwerb von immateriellen Vermögensgegenständen.

    (c) Bestimmte selbsterstellte immaterielle Vermögensgegenstände des Anlagevermögens wie z. B. Kundenlisten, Verlagsrechte, Marken.

    (d) Rückstellungen für eigene Aufwendungen, die nicht unterlassene Instandhaltung oder unterlassene Abraumbeseitigung sind.

    (e) Vorauszahlungen.

23. Anschaffungskosten

(a) Gekaufte Vermögensgegenstände werden in der Regel zunächst mit ihren Anschaffungskosten in der Bilanz angesetzt.

(b) Die Anschaffungskosten beinhalten alle Kosten, die für die Anschaffung und über die gesamte Nutzungsdauer hinweg entstehen.

(c) Rabatte und Skonti sind finanzielle Erträge, die für die Ermittlung der Anschaffungskosten nicht relevant sind.

(d) Aufwendungen, die nach der Anschaffung entstehen und die Nutzungsfähigkeit oder Lebensdauer verbessern, müssen als nachträgliche Anschaffungskosten berücksichtigt werden.

(e) Für die Bewertung der eigenen Produkte werden die Anschaffungskosten verwendet.

24. Herstellungskosten

(a) Wenn die Anschaffungskosten eines Vermögensgegenstands nicht bekannt sind, berechnet das Rechnungswesen die eigenen Herstellungskosten für diesen Vermögensgegenstands als Alternative.

(b) Herstellungskosten werden nur für die Bewertung von eigenen, zum Verkauf bestimmten Produkten verwendet.

(c) Neben der gesetzlichen Definition hängt die detaillierte Ermittlung der Herstellungskosten in hohem Maße von den verwendeten Kostenrechnungsmethoden ab.

(d) Um den Jahresüberschuss zu erhöhen, sollte man die Wahlrechte so ausüben, dass die Herstellungskosten möglichst klein sind.

(e) Die Abgrenzung der Herstellungskosten beeinflusst nicht den Jahresüberschuss und ist daher nicht relevant für Bilanzpolitik.

25. Herstellungskosten nach Handelsrecht

(a) Direkte Material- und Produktionskosten müssen immer enthalten sein.

(b) Personalkosten sind generell nicht enthalten, da ja Sachvermögen bewertet wird.

(c) Forschungskosten können eingeschlossen werden, sofern die Forschung wahrscheinlich nützlich für das Unternehmen ist.

(d) Ein angemessener Teil der Verwaltungskosten kann in die Herstellungskosten einbezogen werden.

(e) Außerplanmäßige Abschreibungen bei den genutzten Maschinen können einbezogen werden, müssen aber im Anhang erläutert werden.

26. Geschäfts- oder Firmenwert

(a) Jeder Geschäfts- oder Firmenwert (erworben oder selbstgeschaffen) muss in der Bilanz wie ein Vermögensgegenstand angesetzt werden.

(b) Ein Geschäfts- oder Firmenwert darf nicht planmäßig, sondern nur außerplanmäßig abgeschrieben werden.

(c) Ein erworbener Geschäfts- oder Firmenwert stellt das Nutzungspotenzial des erworbenen Unternehmens dar, das nicht separat als Vermögensgegenstände oder Schulden erfasst und bewertet werden kann.

(d) Ein Geschäfts- oder Firmenwert ist der Unterschied zwischen dem Kaufpreis für ein Unternehmen und dessen neu bewertetem (Netto-)Reinvermögen.

(e) Die außerplanmäßige Abschreibung eines Geschäfts- oder Firmenwerts wird beibehalten, selbst wenn die Gründe dafür entfallen sind.

27. Bilanzansatz von Software

Ein Unternehmen entwickelt ein IT-Programm mit Herstellungskosten von 100 T€. Was ist richtig?

(a) Das Programm kann nicht bilanziert werden, da es einen immateriellen Gegenstand darstellt.

(b) Wenn das Programm für den Verkauf bestimmt ist, sind 100 T€ ein wahrscheinlicher Bilanzansatz.

(c) Wenn das Programm für den Verkauf bestimmt ist, gibt es ein Aktivierungswahlrecht zu 0 oder 100 T€ (Herstellungskosten).

(d) Sofern das Programm für interne Zwecke der Produktionssteuerung dient, gibt es ein Ansatzverbot.

(e) Sofern das Programm für interne Zwecke der Produktionssteuerung dient, gibt es ein Aktivierungswahlrecht.

28. Bilanzierung von Anteilen

(a) Hält eine GmbH 30 % der Anteile an einem anderen Unternehmen, so muss diese Beteiligung immer als Finanzanlagevermögen (Beteiligungen) ausgewiesen werden.

(b) Wenn eine kleine AG 5 % der Aktien des eigenen Unternehmens erwirbt, bilanziert sie diese entweder in dem Posten „Finanzanlagen" oder in dem Posten „Wertpapiere".

(c) Für eigene Anteile ist stets eine Rücklage im Eigenkapital zu bilden.

(d) Wann eine Beteiligung bzw. ein verbundenes Unternehmen vorliegt, ist gesetzlich genau geregelt, und zwar in (bitte Paragraf und Gesetz angeben): . . . .

(e) Eigene Anteile sind stets offen vom Eigenkapital abzusetzen.

29. Planmäßige Abschreibung

Die Höhe der planmäßigen Abschreibung hängt ab von . . .

(a) den Anschaffungs- oder Herstellungskosten.

(b) der Nutzungsdauer des Vermögensgegenstands.

(c) der Methode wie die Gewinn- und Verlustrechnung dargestellt wird.

(d) von der Nutzungsdauer oder der Leistungsabgabe/-inanspruchnahme, je nach dem welche Methode gewählt wird.

(e) dem Zinssatz der dazugehörigen Finanzierung, da die Abschreibung verdient werden muss.

30. Zuschreibung

Eine Zuschreibung nach einer außerplanmäßigen Abschreibung muss erfolgen, wenn ...

(a) die zukünftige Ertragslage der Gesellschaft dies erlaubt.

(b) das Management entscheidet, den Vermögensgegenstand zum gegenwärtigen Buchwert zu verkaufen.

(c) eine Versicherung für jeden Schaden, der entstanden sein könnte, zahlen wird.

(d) die Gründe für die außerplanmäßige Abschreibung nicht mehr bestehen.

(e) Keine dieser Aussagen ist richtig.

31. Niederstwertprinzip im Anlagevermögen

(a) Liegt eine voraussichtlich dauerhafte Wertminderung bei einem Vermögensgegenstand des Anlagevermögens vor, so sind außerplanmäßige Abschreibungen vorzunehmen, um den am Abschlussstichtag beizulegenden niedrigeren Wert anzusetzen.

(b) Bei Wegfall der Gründe für eine außerplanmäßige Abschreibung müssen sowohl Kapitalgesellschaften, GmbH & Co. KGs, sonstige Personengesellschaften und Einzelunternehmen eine Wertaufholung vornehmen.

(c) Wurde der Geschäfts- oder Firmenwert außerplanmäßig abgeschrieben, so darf der niedrigere Wert nicht beibehalten werden, wenn die Gründe für die Wertminderung nicht mehr bestehen.

(d) Bei Finanzanlagen können außerplanmäßige Abschreibungen nur bei voraussichtlich dauernder Wertminderung vorgenommen werden.

(e) Außerplanmäßige Abschreibungen können bei Finanzanlagen auch auf nur temporäre Wertminderungen vorgenommen werden.

32. Zugangsbewertung von Vorräten nach Handelsrecht (1)

(a) Durchschnittsbewertung für ähnliche Vorräte ist immer erlaubt.

(b) Lifo und Fifo sind nur erlaubt, wenn sie der Wirklichkeit entsprechen.

(c) Hifo kann nützlich sein, um Steuern zu sparen.

(d) Wenn Fifo nicht die wirkliche Verbrauchsfolge ist, wird seine Verwendung häufig zu latenten Steuern führen.

(e) Fifo ist unpraktisch und wird daher in der Praxis nicht oft verwendet.

33. Zugangsbewertung von Vorräten nach Handelsrecht (2)

In der Handelsbilanz können für Vorräte folgende Bewertungsvereinfachungsverfahren verwendet werden (bitte die richtigen Verfahren ankreuzen und ggf. beschriften):

(a) Lifo _____

(b) Fifo _____

(c) Hifo ___
(d) Lofo ___
(e) Festwert
(f) Durchschnitt

34. Fifo-Verfahren
(a) Das Fifo-Verfahren ist bei steigenden Preisen nicht anwendbar.
(b) Das Fifo-Verfahren ist in der Handelsbilanz zulässig, wenn Sand auf einem Sandhaufen gelagert wird (unter Berücksichtigung der GoB).
(c) Das Fifo-Verfahren ist in der Steuerbilanz zulässig, wenn Sand auf einem Sandhaufen gelagert wird.
(d) Das Fifo-Verfahren ist bei Lagerung in einem Silo sowohl in der Handelsbilanz als auch in der Steuerbilanz zulässig.
(e) Fifo-Verfahren bedeutet, dass die ältesten Zugänge zu den Vorräten zur Bewertung des Bestands herangezogen werden.

35. Folgebewertung von Umlaufvermögen
Die Herstellungskosten eines bestimmten Produkts sind 100 €.
(a) Wenn der übliche Verkaufspreis 110 € ist, wird das Produkt immer mit seinen Herstellungskosten bewertet werden.
(b) Wenn die Kosten für die eingesetzten Materialien sinken, sollte der Wertansatz entsprechend dem Niederstwertprinzip geprüft werden.
(c) Einige Kunden, die das Produkt kaufen, bezahlen ihre Rechnungen nicht. Ein Durchschnittswert der Forderungsverluste kann von den Herstellungskosten abgezogen werden.
(d) Eine Rückstellung für drohende Verluste kann angesetzt werden, wenn sie steuerlich abzugsfähig ist und alle steuerlich erforderlichen Bestandteile der Herstellungskosten umfasst.
(e) Wenn das Produkt (sowohl von Kunden als auch vom Unternehmen) auch für 80 € gekauft werden könnte, muss eine Wertberichtigung auf den niedrigeren Marktwert vorgenommen werden.

36. Eigenkapital
Eine Aktiengesellschaft erhöht ihr Eigenkapital durch die Ausgabe von neuen Aktien gegen Geld; 1 Million neue Aktien mit einem Nominalwert von jeweils 1 € werden für insgesamt 10 Millionen € ausgegeben.
(a) Das Grundkapital steigt um 1 Mio. €.
(b) Die Gewinnrücklagen steigen um 10 Mio €.
(c) Dieser Vorgang wird im Cash Flow aus Investitionstätigkeit in der Kapitalflussrechnung gezeigt.
(d) Die Rückstellungen steigen um 9 Mio. €.
(e) Die Kapitalrücklagen steigen um 9 Mio. €.

37. Rücklagen

(a) Rücklagen sind ungewisse Verbindlichkeiten.

(b) Rücklagen und Rückstellungen sind dasselbe nur aus anderer Sichtweise (zwei Seiten einer Medaille).

(c) Rücklagen sind Bestandteil des Eigenkapitals.

(d) Die Gewinnrücklage entsteht von „innen" über einbehaltene Gewinne.

(e) Kapitalrücklagen sind stille Rücklagen, da sie nicht erwirtschaftet werden.

38. Stille Reserven

In welchen Fällen handelt es sich um stille Reserven?

(a) Der tatsächliche Wert eines Grundstücks ist höher als der Buchwert.

(b) Bei der Emission von Aktien wird das Agio in die Rücklagen verbucht.

(c) Die Rückstellungen für einen drohenden Prozess sind (eigentlich) zu hoch.

(d) Zur Deckung eines Verlustes werden den Rücklagen 10 % entnommen.

(e) Vom Gewinn werden 30 % in die Rücklagen eingestellt.

39. Rückstellungen

(a) Die Bildung von gewinnmindernden Rückstellungen muss von den Gesellschaftern beschlossen werden.

(b) Rückstellungen sind nur für Außenverpflichtungen zu bilden.

(c) Drohverlustrückstellungen sind Ausdruck des Imparitätsprinzips.

(d) Rückstellungen dürfen nur gebildet werden, wenn sie auch steuerlich abzugsfähig sind.

(e) Da Rückstellungen unsichere Verbindlichkeiten darstellen, ist bei ihrer Bilanzierung kaufmännische Schätzung notwendig.

40. Bewertung im Jahresabschluss

(a) Langfristige Rückstellungen müssen gem. § _____ HGB abgezinst werden.

(b) In der Handelsbilanz sind bei der Bewertung von Rückstellungen zukünftige Kostensteigerungen zu berücksichtigen.

(c) Wenn das Eigenkapital bilanziell über den Beschlüssen der Gesellschafterversammlung liegt, muss der übersteigende Betrag auf der Aktivseite ausgewiesen werden.

(d) Durch die Verrechnung aktiver und passiver latenter Steuern verbessert sich immer die Eigenkapitalquote.

(e) Der Zinssatz für die Abzinsung von Rückstellungen darf nach Handelsrecht geschätzt werden.

41. Verbindlichkeiten

(a) Sachverhalte, die in den Verbindlichkeiten ausgewiesen werden, müssen im Gegensatz zu Rückstellungen sehr konkret und sicher sein.

(b) Als sonstige Verbindlichkeit kann jede Art von ungewissen und unkonkreten Sachverhalten ausgewiesen werden; alternativ kann der Ausweis auch im Anhang erfolgen.

(c) Haftungsverhältnisse/Eventualverbindlichkeiten sind nicht in der Bilanz, sondern „unter dem Strich" bzw. im Anhang auszuweisen.

(d) Jede verbindliche Zusage des Unternehmens ist in der Bilanz als Verbindlichkeit aufzuführen.

(e) Langfristige Verbindlichkeiten müssen so wie Rückstellungen abgezinst werden.

42. Latente Steuern

(a) Eine aktive latente Steuer spiegelt eine künftige Steuerentlastung wider.

(b) Eine passive latente Steuer spiegelt eine künftige Steuerentlastung wider.

(c) Wenn man sich für die Aktivierung von selbsterstellter Software im Anlagevermögen entscheidet, führt das zu einer aktiven latenten Steuer.

(d) Wenn man eine Drohverlustrückstellung erfasst, kann man dafür eine aktive latente Steuer ansetzen.

(e) Latente Steuern spiegeln immer Steuerzahlungen wider.

43. Zu passiven Steuerlatenzen kommt es zwingend bei

(a) ...der Aktivierung von selbsterstellten immateriellen Vermögensgegenständen, die zum Verkauf bestimmt sind.

(b) ...der Aktivierung von selbsterstellten immateriellen Vermögensgegenständen, die das Unternehmen selbst nutzen will.

(c) ...der Passivierung einer Drohverlustrückstellung.

(d) ...der sofortigen erfolgswirksamen Verbuchung eines Disagios.

(e) Keine der obigen Antworten ist richtig.

44. Disagio

(a) Ein Disagio ist das Ergebnis von veränderten Wechselkursen bei Fremdwährungsverbindlichkeiten.

(b) Ein Disagio kann in der ersten Periode komplett aufwandswirksam erfasst werden. Dafür kann man sich eine aktive latente Steuer einbuchen.

(c) Ein Disagio führt immer zu einem aktiven Rechnungsabgrenzungsposten.

(d) Ein Disagio reduziert die Verbindlichkeiten nicht, weil man 100 % zurückzahlen muss.

(e) Keine der vorhergehenden Aussagen ist richtig.

45. Rechnungsabgrenzungsposten

(a) Es besteht ein Wahlrecht, ob man Rechnungsabgrenzungsposten bildet oder nicht.

(b) Ein aktiver Rechnungsabgrenzungsposten ergibt sich, wenn eine Rechnung noch nicht bezahlt ist.

(c) Ein passiver Rechnungsabgrenzungsposten ist eine unsichere Verbindlichkeit, die der Vollständigkeit halber aufgenommen werden muss.

(d) Rechnungsabgrenzungsposten sind keine Vermögensgegenstände oder Schulden, sondern dienen der periodengerechten Erfolgsermittlung.

(e) Rechnungsabgrenzungsposten sind nur bei dauerhaften Wertminderungen steuerlich abzugsfähig.

46. Wenn ein Konzernabschluss erstellt wird, ...

(a) muss zuerst die Kapitalkonsolidierung (Erstkonsolidierung) der neuen Tochtergesellschaften vorgenommen werden.

(b) muss zuerst der Summenabschluss erstellt werden.

(c) müssen im zweiten Schritt die Konsolidierungsbuchungen vorgenommen werden.

(d) muss eine Zwischenergebniseliminierung für alle Vermögensgegenstände erfolgen, die der Konzern verkauft hat und die vorher von einer Konzerngesellschaft an eine andere Konzerngesellschaft geliefert worden sind.

(e) stellt die Währungsumrechnung keine besondere Aufgabenstellung dar, da alle Tochtergesellschaften in der Konzernwährung berichten müssen.

47. Bilanzpolitik

(a) Der Versuch, den Jahresabschluss zu gestalten, ist verboten so wie Steuerhinterziehung.

(b) Bilanzpolitik ist der Teil der Finanzpolitik, mit dem die Regierung die Regeln für die Bilanzierung festlegt.

(c) Teil der materiellen Bilanzpolitik kann die Entscheidung sein, ob das Gesamtkostenverfahren oder das Umsatzkostenverfahren angewendet werden.

(d) Materielle Bilanzpolitik umfasst Sachverhaltsgestaltung vor dem Bilanzstichtag und Sachverhaltsdarstellung nach dem Bilanzstichtag.

(e) Bilanzpolitik ist nur nötig, wenn die Firma nicht ertragreich ist, um das Image zu verbessern.

48. Leverage-Effekt (1)

Wenn die Gesamtkapitalrendite größer ist als die Verzinsung des Fremdkapitals, zeigt der Leverage-Effekt, dass ...

(a) eine Zunahme des Eigenkapitals den Jahresüberschuss verringert.

(b) eine Zunahme des Eigenkapitals die Eigenkapitalrendite verringert.

(c) eine Zunahme der Verschuldung das Ausfallrisiko der Gesellschaft verringert.

(d) eine Zunahme der Verschuldung den Jahresüberschuss erhöht.

(e) eine Zunahme der Verschuldung die Eigenkapitalrendite erhöht.

49. Leverage-Effekt (2)

(a) Bei steigender Verschuldung erhöht sich die R_{EK}, wenn $R_{GK} > i$.

(b) Bei steigender Verschuldung erhöht sich die R_{EK}, wenn $R_{GK} < i$.

(c) Das Gesamtkapital ändert sich im Leverage-Modell nicht, wenn „geleveraged" wird.

(d) Wenn „geleveraged" wird, sind zusätzliche Angaben erforderlich, um ein den tatsächlichen Verhältnissen entsprechendes Bild der Vermögens-, Finanz- und Ertragslage darzustellen.

(e) Abnehmende Verschuldung führt immer zu einer Verschlechterung der r_{EK}.

50. Jahresabschlussanalyse

(a) Die Eigenkapitalquote und die Fremdkapitalquote ergänzen sich immer zu 100 %.

(b) Return on Investment kann aufgeteilt werden in Eigenkapitalrendite mal Umsatzrendite.

(c) Umsatzrendite ist eine gute Kennzahl, um die Liquidität zu beurteilen.

(d) Umsatzrendite mal Kapitalumschlag ergibt Return on Investment.

(e) Je höher der Wert des dynamischen Verschuldungsgrads (dynamic gearing) ist desto besser.

51. Eigenkapital(quote)

(a) Eine hohe Eigenkapitalquote ist aus Gläubigerschutzgesichtspunkten besonders positiv hervorzuheben.

(b) Eine Eigenkapitalquote von 100 % ist als Optimum anzustreben, da hier keine Nachteile mehr auftreten können.

(c) Eine steigende Eigenkapitalquote erleichtert die Beschaffung von Fremdkapital.

(d) Die Eigenkapitalquote ist für eine Kreditentscheidung völlig egal, da hierfür allein die Kapitaldienstfähigkeit entscheidend ist.

(e) Eigenkapital haftet, d. h. Verluste werden mit diesem Posten verrechnet.

3.2 Themenblock Investitionsrechnung

52. Definition einer Investition

Eine Investition kann als Serie von Zahlungsflüssen verstanden werden, wobei der erste ein Zahlungsmittelabfluss ist. Welche der folgenden Transaktionen ist eine Investition in diesem Sinn?

(a) Der Kauf einer Maschine.

(b) Eine Marketing-Kampagne, die messbare Umsatzsteigerungen produziert.

(c) Die Einstellung eines neuen Mitarbeiters.

(d) Die Rückzahlung einer Finanzierung.

(e) Die Ausgabe neuer Aktien.

53. Kapitalbindende Maßnahmen

Welche der folgenden Maßnahmen binden Kapital?

(a) Die Zahlung einer Dividende.

(b) Der Kauf von Material.

(c) Die Ausbildung von Mitarbeitern (ohne zusätzlichen Aufwand).

(d) Die Rückzahlung eines Kredits.

(e) Die Verlängerung von Kundenzahlungszielen.

54. Kapitalentziehende Maßnahmen

Welche der folgenden Maßnahmen entziehen Kapital?

(a) Die Verbesserung der Produktqualität.

(b) Die Aufnahme eines neuen Bankkredits.

(c) Die Zahlung zusätzlicher Steuern nach einer Betriebsprüfung.

(d) Die Zunahme von passiven latenten Steuern.

(e) Die Investition in neue Maschinen.

55. Kapitalfreisetzende Maßnahmen

Welche der folgenden Maßnahmen setzen Kapital frei?

(a) Ein negativer Investitions-Cash Flow.

(b) Der Verkauf von Anlagevermögen.

(c) Die Ausgabe von Anleihen.

(d) Die Herabsetzung des Eigenkapitals.

(e) Die verdiente Abschreibung von Vermögensgegenständen.

56. Kapitalerhöhende Maßnahmen

Welche der folgenden Maßnahmen erhöhen das Kapital?

(a) Die Ausgabe neuer Aktien.

(b) Nur die Ausgabe neuer Aktien mit einem Agio, denn nur dann erhöht sich die Kapitalrücklage.

(c) Die Aufnahme eines neuen Kredits.

(d) Die Nutzung von Lieferantenkrediten.

(e) Nur langfristige Finanzierung wie z. B. durch Anleihen oder Darlehen kann das Kapital erhöhen.

57. Methoden der Investitionsrechnung

(a) Alle Methoden der Investitionsrechnung kommen zum gleichen Ergebnis; welche man wählt, hängt daher nur von den verfügbaren Informationen ab.

(b) Statische Methoden benötigen weniger bzw. weniger detaillierte Informationen als dynamische Methoden.

(c) Statische Methoden sind veraltet und werden aufgrund des technischen Fortschritts nicht mehr häufig angewendet.

(d) Dynamische Methoden führen immer zu den besseren Entscheidungen als statische Methoden.

(e) Dynamische Methoden berücksichtigen die Zeitpunkte der Zahlungsströme und sind daher präziser, benötigen aber mehr Informationen.

58. Kostenvergleichsverfahren

Wenn man das Kostenvergleichsverfahren verwendet, ...

(a) vergleicht man die Kosten vor und nach der Investition.

(b) vergleicht man die Profitabilität der verschiedenen Alternativen im Detail.

(c) geht man davon aus, dass die Erlöse aller Alternativen vergleichbar sind und man daher nur anhand der Kosten entscheiden kann.

(d) darf man die Erträge nicht vernünftig den verschiedenen Investitionen zuordnen.

(e) heißt das, dass man wenigstens drei verbindliche Angebote einholt und sich für das günstigste entscheidet.

59. Gewinnvergleichsverfahren

Das Gewinnvergleichsverfahren ...

(a) gleicht die Schwäche des Kostenvergleichsverfahrens durch Zuordnung von Erlösen (soweit möglich) aus und entscheidet auf Basis des Gewinns, nicht der Kosten.

(b) ermöglicht keine Aussage über die Verzinsung des investierten Kapitals.

(c) wird zur Unternehmensbewertung verwendet.

(d) kann nicht verwendet werden, wenn das Unternehmen keinen Gewinn macht.

(e) kann nur zuverlässig angewendet werden, wenn die gewichteten Kapitalkosten für jede einzelne Periode der Investition zuverlässig geschätzt werden können.

60. Statisches Amortisationsverfahren

Das statische Amortisationsverfahren ...

(a) ermöglicht Aussagen über die Zeitdauer des Rückflusses der investierten Mittel und das Investitionsrisiko.

(b) muss von allen deutschen Unternehmen aufgrund des Vorsichtsprinzips angewendet werden.

(c) ist leichter zu berechnen als das dynamische Amortisationsverfahren.

(d) geht davon aus, dass schnellerer Rückfluss immer besser als langsamerer ist.

(e) ist nützlich, um das Rentabilitätsverfahren durch die Fokussierung auf das Risiko zu ergänzen, aber sollte nicht als einzige Entscheidungsgrundlage verwendet werden.

61. Amortisationsverfahren

(a) Der Amortisationszeitpunkt ist der Zeitpunkt, bei dem die Anlage aus dem Unternehmen ausscheidet.

(b) Der Amortisationszeitpunkt ist der Zeitpunkt, bei dem die Anlage technisch überholt ist.

(c) Der Amortisationszeitpunkt ist der Zeitpunkt, bei dem die Anlage kaufmännisch abgeschrieben ist.

(d) Der Amortisationszeitpunkt ist der Zeitpunkt, bei dem die Anlage ihre optimale wirtschaftliche Nutzungsdauer erreicht hat.

(e) Der Amortisationszeitpunkt ist der Zeitpunkt, bei dem die Anschaffungsauszahlungen wieder gewonnen sind.

62. Kapitalwertverfahren bei Investitionen

(a) Der Kapitalwert steigt, wenn der Kalkulationszinssatz steigt.

(b) Der Kapitalwert steigt, wenn der Kalkulationszinssatz sinkt.

(c) Der Kapitalwert ist unabhängig von Veränderungen des Zinssatzes, da sich diese genauso in Veränderungen der Zahlungsströme widerspiegeln.

(d) Der Kapitalwert steigt, wenn die Investitionssumme – ceteris paribus – verringert wird.

(e) Wenn der Kapitalwert 0 ist, hat die Investition nichts verdient, d. h. die Verzinsung der Investition liegt unter dem Kalkulationszinssatz.

63. Annuitätenverfahren

(a) Das Annuitätenverfahren führt – wenn korrekt angewandt – immer zu den gleichen Ergebnissen wie das Kapitalwertverfahren.

(b) Das Annuitätenverfahren kann für zwei Zahlungsstromreihen unterschiedlicher Länge ohne weitere Anpassungen angewendet werden.

(c) Die ermittelte Annuität nimmt ab, wenn der Kapitalwert der Investition abnimmt.

(d) Die ermittelte Annuität nimmt ab, wenn der Kalkulationszinssatz zunimmt.

(e) Die ermittelte Annuität nimmt umso stärker ab, je größer der jeweilige Kapitalwert ist.

64. Interner Zinssatz

(a) Der interne Zinssatz ist die überlegene Methode, da er für jede Zahlungsstromreihe leicht berechnet werden kann.

(b) Reinvestitionen von Investitionsalternativen mit unterschiedlichen internen Zinssätzen werden gleich behandelt.

(c) Reinvestitionen werden mit dem internen Zinssatz der jeweiligen Investitionsalternative verzinst.

(d) Der interne Zinssatz ist 0, wenn der Kapitalwert sein Maximum erreicht.

(e) Der interne Zinssatz wird von den Steuerbehörden verwendet, um nicht erklärte Steuern zu schätzen.

65. Dynamisches Amortisationsverfahren

(a) Eine Amortisation des investierten Geldes ist rechnerisch immer gegeben, wenn der Kapitalwert positiv ist.

(b) Wenn eine dynamische Amortisation erreicht wird, ist der Kapitalwert immer mindestens 0 oder positiv.

(c) Die Alternative mit der kürzeren Amortisationsdauer hat immer den höheren Kapitalwert.

(d) Die Amortisationsdauer erhöht sich, wenn der Zinssatz steigt.

(e) Die Amortisationsdauer verringert sich, wenn der Zinssatz steigt.

66. Sensitivitätsanalyse

Eine Sensitivitätsanalyse ...

(a) versucht zu bewerten, wie sensibel das Management auf unprofitable Investitionen reagiert.

(b) analysiert den Effekt, den Veränderungen von einer oder mehrerer Inputvariablen auf das Ergebnis haben.

(c) ist ein Verfahren, um die Effekte von Unsicherheit zu erfassen.

(d) erfasst die Unsicherheit pauschal als Zuschlag auf den Kalkulationszinssatz.

(e) Keine der vorstehenden Antworten ist richtig.

3.3 Themenblock Finanzierung

67. Definition von Finanzierung

Finanzierung kann definiert werden als Serie von Zahlungsmittelflüssen, die mit einem Zahlungsmittelzufluss beginnt (Cash-Flow-orientierte Definition). Welche der folgenden Transaktionen ist eine Finanzierung in diesem Sinne?

(a) Die Ausgabe neuer Aktien gegen Bareinlage.

(b) Die Ausgabe von Gratisaktien.

(c) Der Verkauf von bestehenden Aktien von einem Investor an einen anderen.

(d) Die Veränderung der Kapitalstruktur von kurzfristig zu langfristig.

(e) Die Aufnahme eines zusätzlichen Kredits von einer Bank.

68. Dauer der Kapitalbindung

Die Dauer der Kapitalbindung …

(a) nimmt ab, wenn das Lieferantenziel zunimmt.

(b) nimmt zu, wenn das Unternehmen Vorräte im Voraus zahlen muss.

(c) nimmt zu, wenn die Kunden im Voraus zahlen müssen.

(d) nimmt zu, wenn die Produktqualität verbessert wird.

(e) ist – ceteris paribus – unverändert, wenn eine Optimierung der Produktionsprozesse die für die Produktion erforderliche Zeit und die sonstigen Inputgrößen nicht verringert.

69. Bruttoliquidität

Die verfügbare Bruttoliquidität eines Unternehmens …

(a) wird häufig definiert als die Summe aus verfügbaren liquiden Mitteln und ungenutzten Kreditlinien.

(b) wird häufig definiert als das gesamte Kapital, das in der Bilanz gezeigt wird.

(c) nimmt zu, wenn Kreditlinien in Anspruch genommen werden.

(d) nimmt ab, wenn Bargeld ausgegeben wird.

(e) ist ein wichtiges Element der Liquiditätsplanung.

70. Kapitalbedarfsplanung

(a) Die Planung des Kapitalbedarfs im Anlagevermögen ist am schwierigsten, da die Kostenplanungen für neue Maschinen, Immobilien und Umbauten meistens zu niedrig sind.

(b) Das Umlaufvermögen verursacht ebenfalls Kapitalbedarf.

    (c) Der Kapitalbedarf kann verringert werden durch eine Verlängerung des Lieferantenzahlungsziels.

    (d) Der Kapitalbedarf kann verringert werden durch eine Verlängerung des Kundenzahlungsziels.

    (e) Alle obigen Antworten sind richtig.

71. Kapitalbedarf:

    (a) Ein zusätzliches Kundenziel erhöht den Kapitalbedarf.

    (b) Die Einrichtung eines Zwischenlagers in der Fertigung ohne Änderung Vorratsbestände oder der Lagerdauer hat Einfluss auf den Kapitalbedarf des Umlaufvermögens.

    (c) Die Ermittlung des Kapitalbedarfs für das Anlagevermögen bereitet regelmäßig die größten Probleme, da das Investitionsvolumen nicht genau abschätzbar ist.

    (d) Der Kapitalbedarf hängt vom Zahlungsziel, das der Lieferant einräumt, ab.

    (e) Eine Optimierung der Fertigung hat gewöhnlich einen positiven Einfluss auf die Kapitalbindungsdauer, nicht aber auf den Kapitalbedarf.

72. Liquiditätsüberschuss/-defizit

    (a) Ein Liquiditätsüberschuss ist das ultimative Ziel jeder Geschäftsführung.

    (b) Ein erwarteter(s) Liquiditätsüberschuss oder -defizit ist das Ergebnis der Liquiditätsplanung.

    (c) Ein Liquiditätsüberschuss ist eine Notwendigkeit für die dauerhafte Fortführung der Geschäftstätigkeiten.

    (d) Für gewöhnlich ist es ausreichend, sich mit einen Liquiditätsdefizit mittel- bis langfristig zu beschäftigen, weil Kapitalmaßnahmen sorgfältiger Planung bedürfen.

    (e) Ein Liquiditätsüberschuss nimmt zu, wenn die Zahlungseingänge in Kasse oder Bankkonten verbucht werden (ceteris paribus).

73. Verbesserung der Liquidität (1)

Maßnahmen zur Erhöhung oder Vorverlagerung von Zahlungsmittelzuflüssen können sein:

    (a) Sale-and-lease-back-Transaktionen.

    (b) Aufnahme neuer Kredite.

    (c) Factoring von Forderungen.

    (d) Verringerung der Dividendenzahlungen.

    (e) Nutzung von Lieferantenkrediten.

74. Verbesserung der Liquidität (2)

Maßnahmen zur Verringerung oder Verschiebung von Zahlungsmittelabflüssen können sein:

    (a) Aufnahme neuer Kredite.

    (b) Ausgabe neuer Aktien.

(c) Verkürzung der Kundenziele.

(d) Verringerung von Dividendenzahlungen.

(e) Nutzung von Lieferantenkrediten.

75. Zahlungsfähigkeit

(a) Ein Unternehmen ist in jedem Fall zahlungsfähig, wenn erhebliche stille Reserven vorhanden sind.

(b) Ein Unternehmen ist in jedem Fall zahlungsfähig, wenn die Kapitaldienstfähigkeit zweifelsfrei gegeben ist.

(c) Decken die Zahlungsmittel die kurzfristigen Verbindlichkeiten, ist die Zahlungsfähigkeit zweifelsfrei gegeben.

(d) Wenn ein Unternehmen seinen Zahlungsverpflichtungen stets nachkommen kann, ist die Zahlungsfähigkeit zweifelsfrei gegeben.

(e) Wenn die Liquidität ersten Grades 100 % erreicht, ist das Unternehmen zahlungsfähig.

76. Außenfinanzierung

(a) Selbstfinanzierung ist ein Teil der Außenfinanzierung.

(b) Außenfinanzierung bedeutet immer die Aufnahme neuer Kredite.

(c) Außenfinanzierung ist billiger als Innenfinanzierung.

(d) Beteiligungsfinanzierung ist Teil der Außenfinanzierung.

(e) Kreditfinanzierung ist ein Teil der Außenfinanzierung.

77. Innenfinanzierung

Möglichkeiten der Innenfinanzierung bestehen durch ...

(a) Abschreibungsgegenwerte.

(b) Rückstellungsgegenwerte.

(c) die Auflösung nicht benötigter Rückstellungen.

(d) die Erhöhung des gezeichneten Kapitals aus Kapitalrücklagen.

(e) den Verkauf von nicht betriebsnotwendigem Vermögen an fremde Dritte.

78. Eigenfinanzierung ...

(a) kann wegen des unbefristet zur Verfügung stehenden Kapitals vorteilhaft sein.

(b) ist immer Innenfinanzierung.

(c) ist billiger als Fremdfinanzierung.

(d) kann Außen- oder Innenfinanzierung sein.

(e) bedeutet die Investitionen zu verringern, um Geld für andere Zwecke zu haben.

79. Fremdfinanzierung ...

(a) hat immer eine feste Laufzeit, die im Vorhinein bekannt ist.

(b) bedeutet, dass die Verpflichtung immer bei Fälligkeit zurückgezahlt werden muss.

(c) ist das gleiche wie Kreditfinanzierung.

    (d) kann Innen- oder Außenfinanzierung sein.

    (e) Keine der obigen Antworten ist richtig.

80. Eigen- und Fremdfinanzierung:

    (a) Die Selbstfinanzierung ist eine Form der Eigenfinanzierung.

    (b) Die Beteiligungsfinanzierung ist sowohl eine Form der Eigenfinanzierung als auch der Außenfinanzierung.

    (c) Die Finanzierung aus Pensionsrückstellungen gehört zur Fremdfinanzierung.

    (d) Die Finanzierung aus Rückstellungen ist eine Form der Fremdfinanzierung.

    (e) Ein Gesellschafter kann nicht gleichzeitig Eigen- und Fremdkapitalgeber sein.

81. Finanzierungsarten

Anna Dauerwelle betreibt einen Friseursalon und hat finanzielle Sorgen. Ihr Schwager Horst Sorgenfrei ist bereit, sich mit 75.000 € an ihrem Salon zu beteiligen und plant eine sofortige Bareinlage.

    (a) Hierbei handelt es sich um eine Fremdfinanzierung.

    (b) Hierbei handelt es sich um eine Eigenfinanzierung.

    (c) Der Vorgang löst eine Bilanzverlängerung aus (Aktiv-Passiv-Mehrung).

    (d) Es handelt sich um einen Passivtausch, da Fremdkapital durch Eigenkapital unmittelbar ersetzt wird.

    (e) Hierbei handelt es sich um eine Außenfinanzierung.

82. Beteiligungsfinanzierung

    (a) Beteiligungsfinanzierung ist immer Außenfinanzierung.

    (b) Beteiligungsfinanzierung ist Fremdfinanzierung aufgrund der Verpflichtung zur Dividendenzahlung.

    (c) Beteiligungsfinanzierung stellt langfristiges Kapital zur Verfügung, da Eigenkapital keinen Rückzahlungstermin hat.

    (d) Die für die Beteiligung zu zahlenden Dividenden sind Aufwand und steuerlich abzugsfähig.

    (e) Über die Zahlung von Dividenden als Teil des Jahresüberschusses entscheiden die Aktionäre.

83. Kreditfinanzierung

    (a) Kreditfinanzierung ist ein Teil der Innenfinanzierung.

    (b) Kreditfinanzierung kann kurz-, mittel- oder langfristig sein.

    (c) Aufwendungen für Kreditfinanzierungen sind in der Regel steuerlich abzugsfähig.

    (d) Kreditfinanzierung hat eine Verlustübernahmefunktion, weil sie im Insolvenzfall nur teilweise zurückgezahlt werden muss.

    (e) Kreditfinanzierung bedeutet immer, sich Geld von einer Bank zu leihen.

84. Selbstfinanzierung ...

    (a) bedeutet, dass Gewinne im Unternehmen behalten werden.

    (b) ist immer möglich und die billigste Methode der Finanzierung.

(c) wird von großen Konzernen gemacht, die eine eigene Bank haben.

(d) ist steuerlich abzugsfähig, da die Gesellschafter kein Geld erhalten.

(e) verbessert die Kreditwürdigkeit des Unternehmens.

85. Finanzierung durch Rückstellungen ...

(a) ist Außenfinanzierung.

(b) ist langfristig.

(c) ist nur durch die Ansatzkriterien in der Bilanzierung beschränkt.

(d) ist immer steuerlich abzugsfähig.

(e) Keine der obigen Antworten ist richtig.

86. Finanzierung durch Abschreibungsgegenwerte

(a) Finanzierung durch Abschreibungen ist Innenfinanzierung.

(b) Finanzierung durch Abschreibungen kann Eigen- oder Fremdfinanzierung sein.

(c) Die Möglichkeit zur Finanzierung durch Abschreibungsgegenwerte ist unabhängig vom Steuersatz und der Nutzungsdauer der Anlagen.

(d) Die Liquiditätssituation ist immer positiv, wenn die Abschreibungen steigen.

(e) Es hat einen positiven Effekt auf den Zahlungsmittelfluss, wenn die verdienten Abschreibungen steigen.

87. Ausgabe von Aktien ...

(a) ist für jedes Unternehmen möglich.

(b) kann leicht und jederzeit gemacht werden.

(c) kann nicht leicht wieder rückgängig gemacht werden.

(d) muss immer zum Nominalwert erfolgen.

(e) kann über dem Nominalwert erfolgen; dieses Aufgeld wird in der Kapitalrücklage verbucht.

88. Gründe für einen Börsengang können sein ...

(a) die Möglichkeit von großen Kapitalerhöhungen.

(b) die Möglichkeit die Aktionärsbasis zu verbreitern.

(c) die höheren Gewinne der Gesellschaft.

(d) die größere öffentliche Aufmerksamkeit.

(e) das geringere Insolvenzrisiko.

89. Gründe gegen einen Börsengang können sein ...

(a) der größere Einfluss von bisher Außenstehenden.

(b) die größeren Bonuszahlungen für das Management.

(c) die kostengünstigere Verfügbarkeit von Finanzmitteln aus anderen Quellen.

(d) die kurzfristige Orientierung von Analysten und Journalisten auf die Quartalsergebnisse.

(e) die größere öffentliche Aufmerksamkeit.

90. Aktienarten

(a) Vorzugsaktien sind diejenige Aktienkategorie, die von den Aktionären bevorzugt wird.

(b) Bei Namensaktien wird der Name des Aktionärs im Aktienbuch der Gesellschaft eingetragen.

(c) Wenn eine Gesellschaft die Übertragung von Aktien kontrollieren will, sind Inhaberaktien ein gutes Instrument.

(d) Stammaktien werden nur von kleinen Gesellschaften ausgegeben, die keine bevorzugte Notierung für Aktien haben.

(e) Ein Stimmrecht erfordert in der Regel eine Stammaktie.

91. Bezugsrechte

Eine AG hat 1 Mio. alte Aktien ausgegeben und gibt 100.000 neue Aktien aus. Der Kurs der alten Aktien (vor Ausgabe) ist 20 €; der Bezugspreis der neuen Aktien ist 15 €. Welche der folgenden Aussagen ist richtig?

(a) Das Bezugsverhältnis ist 10:1.

(b) Das Bezugsverhältnis ist 1:10.

(c) Der rechnerische Wert eines Bezugsrechts ist ungefähr 0,45 €.

(d) Der rechnerische Wert eines Bezugsrechts ist ungefähr 2,50 €.

(e) Der rechnerische Wert eines Bezugsrechts kann nicht berechnet werden.

92. Nullkuponanleihe

Sie kaufen eine Nullkuponanleihe zum Preis von 75 %; die Rückzahlung ist in 5 Jahren zu 100 %. Was ist die Rendite Ihrer Investition?

(a) Ungefähr 3,5 %

(b) Ungefähr 4,5 %

(c) Ungefähr 5,0 %

(d) Ungefähr 5,5 %

(e) Ungefähr 6,5 %

93. Kontokorrentkredit (KK-Kredit)

(a) Der Kredit in laufender Rechnung dient immer einem konkreten Finanzbedarf.

(b) Der Kredit in laufender Rechnung kann wiederholt und in unterschiedlicher Höhe in Anspruch genommen werden.

(c) Bei einem Kontokorrentkredit ändert jede Zahlung den Saldo.

(d) Ein KK-Kredit ist bei Beanspruchung meist teuer. Gründe: Relativ hoher Sollzins und eventuell weitere Kostenbestandteile.

(e) Eine Kreditlinie bestimmt den vereinbarten Kreditrahmen. Darüber hinaus kann die Bank eine Überziehung dulden (Überziehungskredit).

94. Kreditgeschäft

(a) Kredit ist ein Geschäft, bei dem der Gläubiger primär eine Verbindlichkeit hat.

(b) Kredit ist ein Geschäft, bei dem der Gläubiger primär eine Forderung hat.

(c) Kredit ist ein Geschäft, bei dem Risiken durch Sicherheiten abgemildert werden können.

(d) Kredit ist ein Geschäft, dessen Risiko über die Leistung des Kapitaldienstes sinkt.

(e) Kredit ist ein Geschäft, dessen Risiko über die Leistung des Kapitaldienstes steigt.

95. Tilgungsmethoden (1)

(a) Annuitätentilgung bedeutet, dass einmal im Jahr ein Betrag zurückgezahlt wird.

(b) Mit Ratentilgung zahlt man den Kredit schneller zurück als mit Annuitätentilgung.

(c) Die Gesamtzinszahlung ist bei Ratentilgung am geringsten, dann folgt Annuitätentilgung und den höchsten Gesamtzins zahlt man bei endfälliger Tilgung.

(d) Ein Disagio muss nicht zurückgezahlt werden.

(e) Ein Disagio ist wie eine einmalige Zinszahlung zu Beginn des Darlehens.

96. Tilgungsmethoden (2)

(a) Der Zins wird immer auf den vollen Rückzahlungsbetrag (Nominalbetrag) des Darlehens berechnet.

(b) Der Zins wird immer auf den noch offenen, nicht zurückgezahlten Kreditbetrag berechnet.

(c) Bei Ratentilgung nimmt die Zinszahlung im Zeitablauf ab.

(d) Bei Annuitätentilgung nimmt der Tilgungsanteil im Zeitablauf ab und der Zinsanteil zu.

(e) Eine Zinserhöhung verändert die Tilgung eines Kredits, der mittels Annuitäten getilgt wird.

97. Effektivzins

Berechnen Sie den Effektivzins näherungsweise: 90 % Auszahlung, 5 Jahre Laufzeit, 100 % Rückzahlung, 6 % Nominalzins. Der Effektivzins ist ungefähr

(a) 7,2 %.

(b) 8,0 %.

(c) 8,4 %.

(d) 8,9 %.

(e) 9,6 %.

98. Lieferantenkredit

Ein Lieferant bietet Ihnen die folgenden Zahlungsbedingungen an: 2 % Skonto innerhalb von 10 Tagen oder 45 Tage netto. Was ist der implizierte Jahreszinssatz des Lieferantenkredits?

(a) Ungefähr 21 %

(b) Ungefähr 27 %

(c) Ungefähr 35 %

    (d) Ungefähr 45 %

    (e) Ungefähr 54 %

99. Wechsel

    (a) Ein Wechsel ist eine Urkunde, die ein unbedingtes Zahlungsversprechen enthält.

    (b) Ein Wechsel kann nur an Wertpapierbörsen gehandelt werden.

    (c) Der Verkauf eines Wechsels an eine Bank ist eine spezifische Form des kurzfristigen Kredits.

    (d) Der Verkauf eines Wechsels ist das einzig kosteneffiziente Verfahren, den Wechsel zu verwenden.

    (e) Nachdem man einen Wechsel verkauft hat, ist man nicht mehr haftbar aus dem Wechsel.

100. Kapitalfreisetzungseffekt/Kapazitätserweiterungseffekt

    (a) Kapitalfreisetzungseffekt meint die Wertminderung von Vermögensgegenständen durch Abschreibungen.

    (b) Der Kapitalfreisetzungseffekt kann jederzeit genutzt werden, wenn Abschreibungen verbucht werden.

    (c) Der Kapazitätserweiterungseffekt bedeutet, dass die Gesamtkapazität eines Vermögensgegenstands durch die unmittelbare Reinvestition der Abschreibungen vergrößert werden kann.

    (d) Der Kapazitätserweiterungseffekt bedeutet, dass die Periodenkapazität eines Vermögensgegenstands durch die unmittelbare Reinvestition der Abschreibungen vergrößert werden kann.

    (e) Beide Effekte gibt es nur, wenn die Abschreibungen verdient werden.

3.4 Lösungen zu den Multiple-Choice-Aufgaben

Die jeweils richtigen Lösungen sind:

1.	b, d, e	34.	b, d	68.	a, b, e
2.	a, c	35.	b, e	69.	a, d, e
3.	b, e	36.	a, e	70.	b, c
4.	a, b	37.	c, d	71.	a, d
5.	a, b, d	38.	a, c	72.	b, c, e
6.	b, d	39.	c, e	73.	a, b, c
7.	b, e	40.	a – § 253 (2)	74.	d, e
8.	a, c, d, e		b, d	75.	c, d, e
9.	b, d	41.	a, c	76.	d, e
10.	a, c	42.	a, d	77.	a, b, e
11.	d	43.	b	78.	a, d
12.	a, e	44.	b, d	79.	b, d
13.	a, b, c	45.	d	80.	a, b, c, d
14.	d, e	46.	b, c	81.	b, c, e
15.	c, d	47.	d	82.	a, c, e
16.	b, d, e	48.	b, e	83.	b, c
17.	a, d, e	49.	a, c	84.	a, e
18.	b, d	50.	a, d	85.	e
19.	c	51.	a, c, e	86.	a, b, e
20.	d, e	52.	a, b	87.	c, e
21.	a, d	53.	b, e	88.	a, b, d
22.	a, c, d	54.	c	89.	a, c, d, e
23.	a, d	55.	b, e	90.	b, e
24.	c	56.	a, c, d	91.	a, c
25.	a, d	57.	b, e	92.	b
26.	c, d, e	58.	c	93.	b, c, d, e
27.	b, e	59.	a, b	94.	b, c, d
28.	d – § 271, e	60.	a, c, d, e	95.	c, e
29.	a, b, d	61.	e	96.	b, c, e
30.	d	62.	b, d	97.	d
31.	a, b, e	63.	a, c, d	98.	a
32.	a, d	64.	c	99.	a, c
33.	a – last in first out	65.	a, b, d	100.	d, e
	b – first in first out	66.	b, c		
	e, f	67.	a, e		

4 Fallstudien

4.1 Aufgabenstellungen

4.1.1 Fallstudie 1: Bilanzanalyse Magic Holiday GmbH

Petrosilius Zwackelmann hat vor 5 Jahren die Magic Holiday GmbH gegründet. Er ist alleiniger Geschäftsführer. Nach einigen erfolgreichen Jahren will er nun einen Wellness-Bereich in seinem Schlosshotel errichten. Dazu benötigt er einen Bankkredit in Höhe von 3.000.000 €. Petrosilius rechnet damit, dass er den Wellness-Bereich nach zehn Jahren vollständig erneuern muss.

Der stark verkürzte vorläufige (!) Jahresabschluss der GmbH zum 31. 12. 20X1 sieht wie folgt aus (in T€):

Tab. 11. Bilanz Magic Holiday GmbH.

Jahr	20X1		20X1
Anlagevermögen	1.950	**Eigenkapital**	600
Grundstücke/Gebäude	1.850	**Verbindlichkeiten**	1.500
Betriebsausstattung	100	Bankschulden	1.230
Umlaufvermögen	150	Verb. aus L+L	150
Vorräte	80	Sonstige Verb.	120
Sonstige Vermögensgegenst.	20		
Kasse	50		
Bilanzsumme	2.100	Bilanzsumme	2.100

Tab. 12. GuV Magic Holiday GmbH.

Kurz-GuV der letzten zwei Jahre

Jahr	20X1	20X0
Umsatz	5.300	5.100
– Materialaufwand	2.000	2.300
= Rohergebnis	3.300	2.800
– Personalaufwand	1.800	1.900
– Abschreibungen	150	150
– sonst. betr. Aufwand	800	600
– Zinsaufwand	75	75
= Ergebnis gew. Geschäftstätigkeit	475	75
– Steuern	143	23
= Jahresüberschuss	332	52

Erläuterungen für 20X1:

Im Personalaufwand 20X1 und das Vorjahr sind jeweils 600 T€ Geschäftsführerbezüge enthalten. Das Ergebnis wird wie in den Vorjahren vorgetragen.

Die Bankdarlehen stammen aus Tilgungsdarlehen und haben eine Restlaufzeit von 10 Jahren.

Als Berater von Petrosilius Zwackelmann analysieren Sie die Situation und sollen für ihn Empfehlungen geben. Folgende Teilfragen stellen sich:
a) Warum ist auf Basis der Ertragslage von 20X0 ein Bankkredit zu 7 % betriebswirtschaftlich kritisch zu beurteilen?
b) Wie hoch ist die Kapitaldienstgrenze auf Basis der 20X1er Zahlen?
c) Reicht die Kapitaldienstgrenze aus, um den gewünschten Kredit in Höhe von 3.000.000 € aufzunehmen? Die Bank setzt für ihre Kredite an die GmbH einen Zinssatz von 6 % an.
d) Welche Möglichkeiten zur Verbesserung der Kapitaldienstfähigkeit sehen Sie?
e) Welche weiteren Möglichkeiten der Finanzierung sehen Sie?

4.1.2 Fallstudie 2: Kapitalerhöhung

Die börsennotierte Sunshine AG will ein neues Vertriebszentrum errichten. Die Investitionskosten von 100 M€ sollen durch die Ausgabe neuer Aktien finanziert werden. Rahmendaten vor der Kapitalerhöhung:
- Grundkapital 8 M€
- Gesamtes Eigenkapital 50 M€
- Bilanzsumme 250 M€
- Börsenkurs 60 € pro Aktie

a) Wie viele neuen Aktien muss die Sunshine AG emittieren, wenn der Bezugspreis für die neuen Aktien 50 € betragen soll?
b) Welches Bezugsverhältnis ergibt sich, wenn die Aktien einen Nennwert von 1 € haben?
c) Wozu dient das gesetzliche Bezugsrecht der Altaktionäre?
d) Wie viel ist das Bezugsrecht rechnerisch wert?
e) Warum kann der Börsenkurs von dem berechneten Wert des Bezugsrechts abweichen?
f) Wie viel Geld muss ein Neuaktionär im Rahmen der Kapitalerhöhung investieren, um eine neue Aktie zu bekommen?
g) Wie wirkt sich die Kapitalerhöhung auf die Bilanz der Sunshine AG aus? Geben Sie den mit der Kapitalerhöhung verbundenen Buchungssatz an.
h) Wie wirkt sich die Kapitalerhöhung auf die Eigenkapitalquote der Sunshine AG aus? Runden Sie auf 2 Nachkommastellen.

4.1.3 Fallstudie 3: Kreditfinanzierung/Annuitätenmethode

Klaus Klever plant den Kauf einer Eigentumswohnung für 120 T€ inkl. Erwerbsneben-kosten und Grunderwerbsteuer. Er hat 20 T€ Eigenkapital. Den Rest will er über ein Bankdarlehen mit einem Zinssatz von 3 % und 30-jähriger Zinsbindung finanzieren.

Gehen Sie davon aus, dass alle Zahlungen am Ende des Jahres anfallen und rech-nen Sie in vollen €, ansonsten mit 4 Nachkommastellen.

a) Was ist ein Annuitätendarlehen?
b) In welcher Höhe wird Klaus einen Bankkredit aufnehmen (lassen Sie den Finan-zierungseffekt aus Abschreibungen außen vor)?
c) Wie hoch ist der jährliche Kapitaldienst, wenn das Bankdarlehen nach 30 Jahren vollständig getilgt sein soll und er eine konstante finanzielle Belastung in den 30 Jahren haben will?

4.1.4 Fallstudie 4: Konzernabschluss Wein & Sekt

Der Wein & Sekt Konzern besteht aus einer Muttergesellschaft, der Riesling AG mit Sitz in Deidesheim an der Weinstraße, und einer Vertriebs-GmbH mit Sitz in Pforzheim.

Die Muttergesellschaft (MG) hat neben der Beteiligung von 300 T€ an der Toch-tergesellschaft (TG) sonstige Aktiva in Höhe von 700 T€ bilanziert. Die MG ist zu 50 % mit Eigenkapital und zu 50 % mit Fremdkapital finanziert.

Die TG hat ein Eigenkapital in Höhe von 80 T€ und Fremdkapital in Höhe von 320 T€ passiviert. In ihren Aktiva ist ein Grundstück mit einem Buchwert von 100 T€ (Verkehrswert zum Zeitpunkt des Erwerbs durch die Muttergesellschaft 200 T€) ent-halten.

a) Welche Konsolidierungsarten kennen Sie?
b) Erstellen Sie die Bilanzen für die MG und die TG in Kontoform.
c) Erstellen Sie den Konzernabschluss und geben Sie die dafür erforderlichen Bu-chungssätze an.

4.1.5 Fallstudie 5: Bilanzanalyse Luxury and Sports Cars GmbH

Anatoli Antes hat vor 8 Jahren die Luxury and Sports Cars GmbH gegründet. Er ist al-leiniger Geschäftsführer. Nach einigen erfolgreichen Jahren waren die beiden letzten Geschäftsjahre durch hohe Verluste gekennzeichnet. Zwischenzeitlich hat Anatoli ei-ne neue Strategie für die GmbH entwickelt und das Unternehmen zum 1. Januar 20X2 umfirmiert in Green and Sun Cars GmbH. Die neue Strategie trägt Früchte, was u. a. in dem deutlich gesteigerten Umsatz in der ersten Jahreshälfte 20X2 mit rund 13 M€ zum Ausdruck kommt.

Der stark verkürzte vorläufige (!) Jahresabschluss der GmbH sieht wie folgt aus (in T€):

Tab. 13. Bilanz Luxury and Sports Cars GmbH.

Jahr	20X1		20X1
Anlagevermögen	950	**Eigenkapital**	–2.480
Um- und Einbauten	250		
Maschinen	600	**Rückstellungen**	530
BGA	100		
		Verbindlichkeiten	**5.000**
Umlaufvermögen	2.100	Bankschulden	1.400
Vorräte	500	VB ggü. Gesellschaftern	2.000
Forderungen	1.050	VB aus L+L	1.000
Sonstige VG	500	Sonstige VB	600
Kasse	50		
Bilanzsumme	**3.050**	**Bilanzsumme**	**3.050**

Tab. 14. GuV Luxury and Sports Cars GmbH.

Kurz-GuV der letzten zwei Jahre

Jahr	20X1	20X0
Umsatz	15.600	15.500
– Materialaufwand	12.000	12.300
= Rohergebnis	3.600	3.200
– Personalaufwand	2.800	2.500
– Abschreibungen auf AV	150	200
– sonst. betr. Aufwand	1.800	1.600
– negatives Zinsergebnis	120	150
= Ergebnis gewöhnlichen Geschäftstätigkeit	–1.270	–1.250
– Steuern	–10	–20
= Jahresüberschuss	–1.280	–1.270

Erläuterungen für 20X1:
- Rückstellungen: keine Pensionsrückstellungen, Garantierückstellungen 120 T€, für Urlaub 250 T€, für Überstunden 100 T€, für JA-Arbeiten 30 T€, Sonstige kurzfristige Rückstellungen 30 T€. Seit Jahren haben etwa 20 T€ der Garantierückstellungen langfristigen Charakter.
- Die Um- und Einbauten wurden vor 8 Jahren bei Erstbezug für 875 T€ errichtet und über die Dauer des Erstmietvertrages linear abgeschrieben. Heute würde Anatoli ca. 900 T€ für die Errichtung dieser Einbauten bezahlen.

- Der Mietvertrag läuft Ende 20X3 aus. Ende Juni 20X2 hat Anatoli fristgerecht seine Option zur Verlängerung des Mietvertrages um weitere fünf Jahre (20X4 bis 20X8) ausgeübt.
- Im Personalaufwand 20X0 sind 800 T€ Geschäftsführerbezüge enthalten. Davon wurden 500 T€ nicht ausbezahlt (von Anatoli gestundet bis 20X4). Sie wurden unter den sonstigen VB passiviert.
- Das Ergebnis wird wie in den Vorjahren vorgetragen.
- Langfristige Bankdarlehen bestehen seit Jahren in Höhe von 1 M€.
- Die Verbindlichkeiten gegenüber Gesellschaftern stammen aus einem langfristigen Darlehen über 2 M€, das Anatoli der GmbH gewährt hat.
- Anatoli hat ein umweltschonendes und kostengünstiges Verfahren zur vollständigen Lackierung von Fahrzeugen entwickelt und patentieren lassen. Dadurch kann er besonders kostengünstige Lackierungen anbieten. Für dieses Patents liegen ihm zwei Angebote über 2 M€ vor.
- Die sonstigen VG sind innerhalb eines Jahres fällig; von den sonstigen VB sind 500 T€ langfristig.

Als Berater von Anatoli Antes analysieren Sie die Situation und sollen für ihn Empfehlungen geben. Folgende Teilfragen stellen sich:

a) Ist die GmbH bilanziell überschuldet und wenn ja, unter welchem Bilanzposten ist das Eigenkapital auszuweisen?
b) Berechnen Sie die Liquidität 3. Grades.
c) Ist die GmbH effektiv überschuldet? Berechnung!
d) Welche Möglichkeiten sehen Sie, um die bilanzielle Überschuldung zu beseitigen bzw. zu reduzieren?

4.1.6 Fallstudie 6: Kreditfinanzierung

Die Pforzheimer Metallfabrik GmbH möchte zum 1. Juli 20X1 einen Schweißautomaten erwerben, der insgesamt 100.000 € kostet und zu 100 % finanziert werden soll. Die Uni-Bank bietet wunschgemäß folgende zwei endfällige Kreditvarianten an:

Variante A: 8 % fest für 5 Jahre bei 100 %iger Auszahlung
Variante B: 7 % fest für 5 Jahre bei 97 %iger Auszahlung.
Es ergeben sich folgende Fragen:

a) Wie nennt man die zweite Variante (Variante B) mit einem Fachbegriff?
b) Welche Variante ist der Metallfabrik GmbH renditemäßig zu empfehlen. Rechnen Sie annäherungsweise, wenn weitere Kosten nicht anfallen!
c) Die Metallfabrik GmbH wählt die Variante B. Wie könnte am Jahresende der Geschäftsvorfall in der Handels- und Steuerbilanz dargestellt werden, wenn die Zinsen halbjährig zum 30. 06. und 31. 12. zu entrichten sind. Rechnen Sie genau (in

vollen €) und begründen Sie Ihr Ergebnis! Am besten zeigen Sie Ihre Ergebnisse – Bankschulden und Zinsaufwand am Jahresende – anhand der Buchungssätze!

d) Halten Sie die Wahl einer endfälligen Tilgungsvariante betriebswirtschaftlich im konkreten Fall für sinnvoll? Warum?

e) Welche Sicherheit drängt sich aus der Investition für die Uni-Bank geradezu auf. Bezeichnen Sie die Sicherheit mit dem Fachbegriff und beschreiben Sie deren Konstruktion kurz und prägnant!

f) Die Metallfabrik GmbH denkt alternativ zum Bankkredit auch daran, die Maschine zu leasen. Welche Vorteile hätte die Leasingvariante gegenüber dem Bankkredit. Nennen Sie drei schlagende Kriterien!

4.1.7 Fallstudie 7: Abschreibungen

Es werden zwei Maschinen zu folgenden Bedingungen angeschafft: Anschaffungskosten je 20.000 € gleich zu Beginn des Kalenderjahres, Nutzungsdauer 4 Jahre, lineare Abschreibung. Die Anschaffung erfolgt über die Jahre gestaffelt: 1. Maschine angeschafft im Januar des ersten Jahres, ersetzt Ende des vierten Jahres; 2. Maschine Anschaffung im zweiten Jahr, Ersatz am Ende des fünften Jahres.

a) Wie hoch ist die Kapitalfreisetzung im ersten Jahr und – langfristig – der maximale Kapitalbedarf? Zeigen Sie das Ergebnis für die ersten acht Jahre anhand des Kontostandes eines Extrakontos, auf dem sich – vor der Investition! – „20 T€ Guthaben" befinden und allein die Investitionsauszahlungen und Abschreibungen verbucht werden!

b) Am Ende des zweiten Jahres ergibt sich folgendes Problem: Die Maschinen stehen infolge einer Innovation im Fokus der Bilanzbewertung. Für die Maschinen gibt es einen regen Gebrauchtmarkt, die Preise für gebrauchte Maschinen beziffern sich am Bilanzstichtag nach einer sorgfältigen Recherche wie folgt:
   - 12 Monate alte Maschinen 14 T€,
   - 24 Monate alte Maschinen 11 T€,
   - 36 Monate alte Maschinen 7 T€,
   - 48 Monate alte Maschinen 3 T€.

Welcher handelsrechtliche Bilanzansatz ergibt sich am Ende des zweiten Jahres nach der Anschaffung? Begründung!

4.1.8 Fallstudie 8: Konzernabschluss Snow and Ski

Die Snow AG hat am 31. Dezember 20X1 100 % der Geschäftsanteile der Ski GmbH für einen Kaufpreis in Höhe von 2 M€ erworben, um zukünftig nicht nur Skibekleidung, sondern auch Skiausrüstungen aus einer Hand anbieten zu können. Der Kaufpreis wurde noch am 31. Dezember 20X1 bezahlt.

Tab. 15. Bilanz Snow AG.

Vorläufige Kurz-Bilanz der Snow AG zum 31. 12. 20X1 <u>vor</u> Erwerb der Ski GmbH

	T€		T€
Anlagevermögen	950	Eigenkapital	1.520
Umlaufvermögen	5.100	Schulden	4.530
Vorräte	1.500		
Forderungen	800		
Sonstige VG	500		
Kasse	2.300		
Bilanzsumme	**6.050**	**Bilanzsumme**	**6.050**

Tab. 16. Bilanz Ski GmbH.

Kurz-Bilanz der Ski GmbH zum 31. 12. 20X1

	T€		T€
Anlagevermögen	250	Eigenkapital	400
Umlaufvermögen	2.100	Schulden	1.950
Vorräte	500		
Forderungen	800		
Sonstige VG	500		
Kasse	300		
Bilanzsumme	**2.350**	**Bilanzsumme**	**2.350**

Erläuterungen zum Abschluss der Ski GmbH:
- Im Anlagevermögen ist eine voll abgeschriebene Maschine enthalten, die weiterhin genutzt werden soll und deren Reproduktionszeitwert bei 200 T€ liegt.
- Eigenkapital: das Eigenkapital beinhaltet den vollen Jahresüberschuss 20X1 in Höhe von 80 T€.
- Rückstellungen: es fehlen noch die Pensionsrückstellungen in Höhe von 100 T€.
- Die Ski GmbH vertreibt ihre Produkte überwiegend über die selbst aufgebaute Marke „Solo", die laut Branchenexperten einen Wert von 500 T€ hat.

a) Erstellen Sie den Konzernabschluss und führen Sie die Kapitalkonsolidierung durch. Geben Sie bitte auch die erforderlichen Buchungssätze an. Sie können dabei das Umlaufvermögen (UV) zusammengefasst in einer Zeile zeigen.
b) In welchem Fall ist auch im Einzelabschluss eine Purchase-Price-Allocation (Kaufpreisaufteilung) erforderlich?

4.1.9 Fallstudie 9: Abschreibungen/Anzahlung

Die Zimmerei Karl Dach KG braucht einen neuen Lieferwagen. Der Lieferwagen wird am 18. 01. 20X1 geliefert, zahlbar ist der Wagen innerhalb von 1 Woche mit 1 % Skonto oder in 4 Wochen netto. Karl Dach skontiert nicht, der Lieferwagen kostet 28.800 € netto. Für die Zulassung und Überführung verlangt der Händler 400 € netto. Es wird mit einer Nutzungsdauer von 5 Jahren gerechnet. Der erwartete Wiederverkaufspreis in 5 Jahren für das dann gebrauchte Kfz wird pauschal auf 3.000 € geschätzt.

a) Ermitteln Sie die Abschreibungen und erstellen Sie den Abschreibungsplan bei linearer Abschreibung (Jahresabschreibungen)! Gehen Sie davon aus, dass Karl Dach alle üblichen Wahlrechte geltend macht!

b) Anfang Januar 20X2 lässt Karl Dach eine Klimaanlage für 2.000 € nachrüsten. Wie wirkt sich das auf den Abschreibungsplan aus?

c) Angenommen aufgrund neuer Abgasvorschriften beträgt der abgeleitete Marktwert für ein vergleichbares (gebrauchtes) Kfz am 31. 12. 20X2 nur noch 6.000 €. Welcher Wert ist bei linearer Abschreibungsmethode am 31. 12. 20X2 und an den Folgeterminen anzusetzen (Begründung)?

d) Karl Dach erhält Anfang Dezember 20X3 ein Angebot eines osteuropäischen Gebrauchtwagenhändlers in Höhe von 16.000 € netto. Um seinem Angebot Nachdruck zu verleihen, zahlt der Händler Mitte Dezember 20X3 8.000 € an; Karl Dach stimmt dem Verkauf zu; die Übergabe und Schlusszahlung wird für Mitte Januar vereinbart.

Wie ist die Anzahlung zu verbuchen? Wie wirkt sich der geplante Verkauf auf die Bilanzierung des Lieferwagens zum 31. 12. 20X3 aus?

4.1.10 Fallstudie 10: Bilanzanalyse/Kreditfinanzierung

Die Gartencenter GmbH legt folgende Geschäftszahlen vor:

Tab. 17. Kennzahlen Gartencenter GmbH.

	Jahr 20X1	Jahr 20X0
Eigenkapitalquote (inkl. Jahresüberschuss)	22 %	24 %
Umsatzrendite	4 %	5 %
Bilanzsumme	19 Mio €	18 Mio €
Gesamtkapitalumschlag	2,4	2,1

a) Berechnen Sie für beide Jahre jeweils das Fremdkapital und das Eigenkapital.

b) Wie hoch ist die Eigenkapitalrendite in 20X0 und 20X1?

c) Das Gartencenter möchte einen neuen Gabelstapler anschaffen. Die Bank bietet zwei Kreditvarianten an:
    – 50.000 € für 5 % auf 5 Jahre fest, Auszahlung 100 %
    – 50.000 € für 3,75 % auf 5 Jahre fest, Auszahlung 95 %
    Welche Variante ist vorteilhafter? Verwenden Sie zunächst das Näherungsverfahren und dann die Kapitalwertmethode.

d) Erstellen Sie für die erste Variante (100 %-Auszahlung) einen Zahlungsplan für Ratentilgung und Annuitätentilgung. RBF 4,329

4.1.11 Fallstudie 11: Bilanzpolitik Viktoria AG

Die Victoria AG ist ein mittelständisches Unternehmen, das sich mit der Weiterverarbeitung und dem Vertrieb von Rohstoffen beschäftigt. Da das Unternehmen im Jahr 20X1 hohe Umsatzeinbußen hinnehmen musste, aber auf Grund eines bevorstehenden Ratings keinen Verlust ausweisen möchte, sollen bestehende Bilanzierungswahlrechte im Sinne einer **progressiven Bilanzpolitik** so ausgeübt werden, dass ein **möglichst hoher Jahresüberschuss** ausgewiesen wird. Bitte erläutern Sie die **handelsrechtliche Behandlung** der nachfolgenden Sachverhalte in der Victoria AG. Begründen Sie Ihre Entscheidung mit relevanten Bilanzierungs- und Bewertungsvorschriften und nennen Sie auch die (gegebenenfalls) zu bildenden Bilanzposten.

a) Auf Grund der schlechten Absatzlage haben sich die fertigen Erzeugnisse im Vergleich zur Vorperiode erheblich erhöht. Es sind folgende Daten bekannt:
    – Fertigungsmaterial 20.000 €
    – Lagerkosten des Fertigungsmaterials 2.000 €
    – Akkordlöhne der Mitarbeiter des Fertigungsbereiches 40.000 €
    – Überstundenzuschläge der Mitarbeiter des Fertigungsbereiches 5.000 €
    – Abschreibungen auf Fertigungsanlagen 8.000 €
    – Freiwillige Pensionsleistungen für die Mitarbeiter der Verwaltung 14.000 €
    – Lagerkosten der Fertigprodukte 6.000 €
    – Kosten für den Betriebskindergarten 10.000 €
    – Kosten für Grundlagenforschung 12.000 €
    – Leerkosten in der Fertigung auf Grund einer dauerhaften Unterauslastung 16.000 €

b) Die Victoria AG hat im laufenden Jahr den Geschäftsbetrieb der Bastian GmbH für 250.000 € erworben und rechtlich sowie wirtschaftlich integriert. Das bilanzielle Nettovermögen betrug zum Erwerbszeitpunkt 100.000 €. Die Vorräte sind mit 20.000 € angesetzt, was 10.000 € unter dem derzeitigen Marktwert liegt. Ferner ist das Lagergebäude bereits voll abgeschrieben, obwohl der Zeitwert noch 80.000 € beträgt. Ergibt sich ein Geschäfts- oder Firmenwert?

c) Die Victoria AG hält seit drei Jahren eine 30 %-ige Beteiligung an der Jonas AG, die mit den Anschaffungskosten zu 200.000 € bilanziert ist. Der Jahresüberschuss der Jonas AG betrug in dieser Zeit konstant 30.000 €, mit einer Erhöhung ist in absehbarer Zeit nicht zu rechnen. Der derzeit relevante Kapitalisierungszinssatz beträgt 6 %.

d) Im Jahr 20X1 wurde ein Patent für ein neuartiges Verfahren zur Edelholzveredelung entwickelt. Die dem Patent unmittelbar zurechenbaren Einzelkosten betragen 40.000 €, die anteiligen Gemeinkosten der Forschungs- und Entwicklungsabteilung 60.000 €.

e) Der Rohölbestand hat sich im Jahr 20X1 wie folgt entwickelt:

Tab. 18. Entwicklung Rohölbestand.

	Rohöl in Barrel	€/Barrel	Gesamtwert
Anfangsbestand	100.000	48 €	
Zugang am 10.05.20X1	100.000	56 €	
Zugang am 30.07.20X1	300.000	68 €	
Zugang am 20.09.20X1	200.000	62 €	
Summe der Abgänge	400.000		

i) Ermitteln Sie nach der Lifo-Methode sowie dem periodischen Durchschnittsverfahren den Verbrauch des Rohöls in der GuV sowie die nach diesen Methoden in der Handelsbilanz anzusetzenden Werte. Welches Verfahren soll zur Realisierung der bilanzpolitischen Zielsetzung angewandt werden?

ii) Geben Sie an, welcher Wert von den unter i) errechneten Beträgen als Wertansatz in der Handelsbilanz zulässig ist, wenn der Wiederbeschaffungspreis am Abschlussstichtag auf
   – 66,30 € gestiegen,
   – 60 € gesunken ist.

f) Die Victoria AG hat einen Maschinenpark, für den sie im letzten Jahr wegen der schlechten Liquiditätslage keine Instandhaltungsmaßnahmen durchgeführt hat. Es ist noch nicht absehbar, wann die Instandhaltung im nächsten Jahr nachgeholt werden kann. Kostenvoranschläge zwischen 60.000 € und 100.000 € liegen vor.

g) Am 01.01.20X1 wurde ein langfristiges Darlehen in Höhe von 500.000 € aufgenommen. Auszahlungsbetrag 95 %, Laufzeit 10 Jahre, Nominalzinssatz 8 %.

4.1.12 Fallstudie 12: Bilanzpolitik Krimskrams AG

Die Krimskrams AG ist ein Unternehmen, das sich mit der Produktion und der Vermarktung von Geschenkartikeln beschäftigt. Der Oberbuchhalter K. Orrekt ist im März 20X2 dabei, den Jahresabschluss zum 31. Dezember 20X1 zu erstellen.

Bitte erläutern Sie die handelsrechtliche Bilanzierung der nachfolgenden Sachverhalte in der Krimskrams AG. Begründen Sie Ihre Entscheidung mit relevanten Ansatz- und Bewertungsvorschriften, nennen Sie auch die (gegebenenfalls) zu bildenden Bilanzposten und zeigen Sie auf, in welchen Fällen Bilanzierungspflicht, -wahlrechte und/oder Ermessensspielräume bestehen. Wahlrechte und Ermessensspielräume sollen so ausgeübt werden, dass **der Jahresüberschuss möglichst niedrig** ausgewiesen wird.

a) Herr K. Orrekt hat im Dezember 20X1 eine undichte Stelle auf dem Dach der Produktionshalle entdeckt, die er sofort dem Vorstand gemeldet hat. Der günstigste Kostenvoranschlag für die Reparatur beträgt 11.900 € (incl. MwSt.), der teuerste 23.800 € (incl. MwSt.). Der Vorstand entschied, dass die Reparatur erst im Folgejahr ausgeführt werden soll, ein Termin hierfür steht noch nicht fest.

b) Auf Grund der sehr guten Finanz- und Ertragslage hat der Buchhalter K. Orrekt im Jahr 20X1 500 Aktien des Zulieferers Giga AG für insgesamt 20.000 € zur langfristigen Anlage erworben und als Finanzanlage aktiviert. Am Abschlussstichtag beträgt der Börsenkurs der Giga AG 30 €. Analysten beurteilen die weitere Entwicklung des Börsenkurses der Giga AG positiv.

c) Die Beschaffungsabteilung erhielt von einem US-amerikanischen Handelspartner am 01. 12. 20X1 Waren im Wert von 10.000 US$. Oberbuchhalter K. Orrekt hat die Waren noch am gleichen Tag zum vorliegenden Umrechnungskurs 1 US$ = 0,6 € aktiviert. Das Zahlungsziel von 6 Wochen soll nach Anweisung des Vorstandes ausgeschöpft werden. Am Abschlussstichtag beträgt der Dollarkurs 1 US$ = 0,8 €.

d) Zu Beginn des Jahres 20X1 wurde eine Produktionsanlage zum Preis von 48.000 € erworben und unter dem Bilanzposten „Maschinen" aktiviert. Für dieses Jahr wurden noch keine Abschreibungen vorgenommen, da noch keine Erfahrungswerte über die Nutzungsdauer der Anlage vorliegen. Der Produktionsleiter schätzt diese auf 10 bis 15 Jahre, wobei er von einer gleichmäßigen Inanspruchnahme ausgeht.

e) Nach Angaben des Herstellers ist nach vier Jahren eine Generalüberholung der Anlage erforderlich. Die Kosten dieser Maßnahme werden sich im Jahr 20X4 voraussichtlich auf 20.000 € belaufen.

f) Die Krimskrams AG hat sich mit Kaufvertrag vom 12. 10. 20X1 zur Herstellung und Lieferung einer Lichtorgel an die Light and Sound GmbH verpflichtet (Lieferdatum 30. 03. 20X2, Festpreis 60.000 €). Mit der Produktion soll im Januar 20X2 begonnen werden. Oberbuchhalter K. Orrekt war zum Zeitpunkt der Angebotserstellung im Urlaub und muss nun entsetzt feststellen, dass der Auszubildende vergessen hat, die Löhne für die Produktionsmitarbeiter in der Kalkulation zu berücksichtigen. Bereits die Material- und Fertigungseinzelkosten für diesen Auftrag werden voraussichtlich 70.000 € betragen. Zusätzlich können der Lichtorgel 3.000 € Material- und 2.000 € Fertigungsgemeinkosten zugerechnet werden.

g) Für ein neues Lagergebäude fällt ab dem 1. 12. 20X1 eine Monatsmiete in Höhe von 5.000 € an. Auf Grund von geringfügigen Mängeln, die der Vermieter nach Ansicht der Krimskrams AG zu beseitigen hat, wurden bisher noch keine Mietzahlungen geleistet. Im Vertrag ist vereinbart, dass die Mietzahlungen – beginnend am 1. 12. 20X1 – jeweils für drei Monate im Voraus zu zahlen sind.

4.1.13 Fallstudie 13: Statische und dynamische Investitionsrechnung

Die Krimskrams AG plant für das Jahr 20X1 eine Erweiterungsinvestition im Fertigungsbereich. Der Planungszeitraum beträgt $t = 5$ Jahre. Zwei alternative Maschinen A und B stehen zur Auswahl, für die der Buchhalter K. Orrekt folgende Daten zusammengetragen hat:

Tab. 19. Investitionsalternativen Krimskrams AG.

	A	B
Anschaffungspreis (€)	430.000	340.000
Errichtungsaufwand (€)	10.000	20.000
Liquidationserlös (€)	0	40.000
Nutzungsdauer (Jahre)	8	10
Kapazität (Stück/Jahr)	80.000	60.000
Löhne (€/Jahr)	80.000	60.000
Gehälter (€/Jahr)	20.000	15.000
Material (€/Jahr)	42.000	28.000

Auf beiden Maschinen kann das gleiche Produkt hergestellt werden, welches zu einem Verkaufspreis in Höhe von 3,30 € veräußert werden soll. Der Kalkulationszinssatz beträgt 8 %. Es wird die lineare Abschreibungsmethode gewählt.

a) Welche Investitionsalternative wählen Sie, wenn Sie die Entscheidung mit Hilfe der Kostenvergleichsrechnung treffen. Begründen Sie, ob Sie das Verfahren für dieses Entscheidungsproblem als sinnvoll erachten.

b) Entscheiden Sie nun über die Vorteilhaftigkeit der beiden Investitionsalternativen anhand der Gewinnvergleichsrechnung. Welche Probleme sehen Sie bei der Anwendung dieses Verfahrens?

c) Nach seiner BWL-Vorlesung stellt Herr K. Orrekt fest, dass er doch lieber die dynamischen Verfahren der Investitionsrechnung verwenden möchte. Welche Vorteile weisen die dynamischen gegenüber den statischen Verfahren der Investitionsrechnung auf?

d) Für welche Investition entscheiden Sie sich, wenn Sie die Beurteilung anhand der Kapitalwertmethode vornehmen? Gehen Sie davon aus, dass der Kalkulationszinssatz konstant bei 8 % liegt, die Aufwendungen für Löhne, Gehälter und Material auch in den jeweiligen Perioden auszahlungswirksam werden und alle produzierten Produkte auch einzahlungswirksam abgesetzt werden können. Erläutern Sie hierfür auch die ökonomische Bedeutung des Kapitalwerts.

4.1.14 Fallstudie 14: Finanzierung

Nach den durchaus ermutigenden Ergebnissen der Wirtschaftlichkeitsrechnung will der Vorstand unbedingt die neue Fertigungsanlage anschaffen. Er bittet nun um Vorschläge, wie diese Erweiterungsinvestition finanziert werden kann.

a) Herr K. Orrekt, der Oberbuchhalter des Unternehmens, ist ein begeisterter Anhänger der Innenfinanzierung. Erläutern Sie bitte die unterschiedlichen Formen der **Innenfinanzierung** und zeigen Sie mögliche Vor- und Nachteile im Vergleich zur Außenfinanzierung auf.

b) Der Vorstand lehnt die Vorschläge von Herrn K. Orrekt entschieden ab und begründet dies unter anderem mit dem Leverage-Effekt. Auf welchen Teilbereich der Innenfinanzierung bezieht sich diese Ablehnung, und welche Argumente wird der Vorstand anführen?

c) Berechnen Sie die Rentabilität des Eigenkapitals der Krimskrams AG vor Durchführung der Investition, wenn die Gesamtkapitalrentabilität 12 %, die Eigenkapitalquote 30 % und der Fremdkapitalzinssatz 6 % betragen.

d) Wie verändert sich die Eigenkapitalrentabilität, wenn die Investition in die Fertigungsanlage ausschließlich durch Eigenkapital finanziert wird, die Gesamtkapitalrentabilität bei 12 % bleibt, die Eigenkapitalquote jedoch auf 50 % ansteigt?

e) Aufgrund der unterschiedlichen Meinung des Vorstands und des Oberbuchhalters über die Vor- und Nachteile einer Eigenkapitalfinanzierung soll nun ein Kompromiss gefunden werden. Erläutern Sie hierfür kurz den Begriff „Mezzanine-Kapital" und skizzieren Sie typische Merkmale einer Mezzanine-Finanzierung.

4.1.15 Fallstudie 15: Kapitalerhöhung Bastian AG

Zur Durchführung von Investitionen plant die Bastian AG eine ordentliche Kapitalerhöhung, um den hierfür notwendigen Kapitalbedarf in Höhe von 3 M€ zu decken. Die erforderliche Dreiviertel-Mehrheit der Hauptversammlung liegt bereits vor. Folgende Daten sind vor der Kapitalerhöhung bekannt:

Grundkapital:	6 M€
Nominalwert der Aktie:	1 €
Aktienkurs der Aktie:	20,50 €
Bezugskurs pro Aktie:	10,– €

a) Berechnen Sie den voraussichtlichen Aktienkurs nach der Kapitalerhöhung (Mischkurs) und den rechnerischen Wert des Bezugsrechts.

b) Zeigen Sie auf, ob und in welcher Höhe die Kapitalerhöhung Auswirkungen auf das Vermögen eines Aktionärs hat, der 10.000 Aktien besitzt und seinen Stimmrechtsanteil nicht verändern möchte.

c) Was versteht man unter einer „Operation Blanche"?

d) Stellen Sie vier grundlegende Unterschiede zwischen Eigen- und Fremdkapitalfinanzierung anhand geeigneter Kriterien dar.

4.2 Lösungen zu den Aufgaben

Hinweis:
Zum Teil ist der Text der Fallstudien recht umfangreich, insbesondere bei Bilanzanalysen, da dies in realen Entscheidungssituationen häufig in noch viel größerem Umfang der Fall ist. Um keine Zeit zu verlieren und um zu vermeiden, sich mit nicht entscheidungsrelevanten Sachverhalten zu beschäftigen, sollte man daher **immer zuerst die Fragen lesen.** Auf Basis der konkreten Fragestellungen lässt in der Regel recht einfach erkennen, welche Informationen aus dem Gesamtsachverhalt für die Aufgabenlösung wichtig sind und welche nicht.

Aufgrund der umfangreicheren Fragestellungen, würde die Angabe von einzelnen Referenzen bzw. Gesetzesregelungen sehr umfangreich werden. Daher sind zu den einzelnen Aufgaben Stichwörter angegeben, anhand derer gegebenenfalls die Inhalte in Lehrbüchern nachgeschlagen werden können

4.2.1 Lösung Fallstudie 1: Magic Holiday GmbH

Bearbeitungszeit: 20 Minuten

Stichwörter: Kreditwürdigkeit, Kapitaldienstfähigkeit, Mezzanine-/Hybrid-Kapital

---

Petrosilius Zwackelmann hat vor 5 Jahren die Magic Holiday GmbH gegründet. Er ist alleiniger Geschäftsführer. Nach einigen erfolgreichen Jahren will er nun einen Wellness-Bereich in seinem Schlosshotel errichten. Dazu benötigt er einen Bankkredit in Höhe von 3.000.000 €. Petrosilius rechnet damit, dass er den Wellness-Bereich nach zehn Jahren vollständig erneuern muss.

Der stark verkürzte vorläufige (!) Jahresabschluss der GmbH zum 31.12.20X1 sieht wie folgt aus (in T€):

Tab. 20. Bilanz Magic Holiday GmbH (Lösung).

Jahr	20X1		20X1
Anlagevermögen	1.950	*Eigenkapital*	600
Grundstücke/Gebäude	1.850	*Verbindlichkeiten*	1.500
Betriebsausstattung	100	Bankschulden	1.230
Umlaufvermögen	150	Verb. aus L+L	150
Vorräte	80	Sonstige Verb.	120
Sonstige Vermögensgegenst.	20		
Kasse	50		
Bilanzsumme	2.100	*Bilanzsumme*	2.100

Tab. 21. GuV Magic Holiday GmbH (Lösung).

Kurz-GuV der letzten zwei Jahre

Jahr	20X1	20X0
Umsatz	5.300	5.100
– Materialaufwand	2.000	2.300
= Rohergebnis	3.300	2.800
– Personalaufwand	1.800	1.900
– Abschreibungen	150	150
– sonst. betr. Aufwand	800	600
– Zinsaufwand	75	75
= Ergebnis gew. Geschäftstätigkeit	475	75
– Steuern	143	23
= Jahresüberschuss	332	52

Erläuterungen für 20X1:
Im Personalaufwand 20X1 und das Vorjahr sind jeweils 600 T€ Geschäftsführerbezüge enthalten.
Das Ergebnis wird wie in den Vorjahren vorgetragen.
Die Bankdarlehen stammen aus Tilgungsdarlehen und haben eine Restlaufzeit von 10 Jahren.

Als Berater von Petrosilius Zwackelmann analysieren Sie die Situation und sollen für ihn Empfehlungen geben. Folgende Teilfragen stellen sich:

a) *Warum ist auf Basis der Ertragslage von 20X0 ein Bankkredit zu 7 % betriebswirtschaftlich kritisch zu beurteilen?*

Die Gesamtkapitalrendite ist definiert als

$$\text{Gesamtkapitalrendite} = \frac{\text{Jahresüberschuss} + \text{Zinsaufwand}}{\text{Bilanzsumme}} \quad (\text{in } \%)$$

und ist somit für 20X0

$$\text{Gesamtkapitalrendite} = \frac{52 \text{ T€} + 75 \text{ T€}}{2.100 \text{ T€}} = 6,1\%$$

Damit ist die Gesamtkapitalrendite niedriger als der Bankzinssatz und der Zinsaufwand ist höher als der Jahresüberschuss. Das ist negativ zu beurteilen.

b) *Wie hoch ist die Kapitaldienstgrenze auf Basis der 20X1er Zahlen?*

Gewinn vor Steuern	475 T€
+ Abschreibungen	150 T€
+ Zinsen	75 T€
= **Vereinfachter Cash Flow nach Bankart**	**700 T€**
– Steuern	–143 T€
= **Kapitaldienstgrenze**	**557 T€**

Der vereinfachte Cash Flow nach Bankart wird auch als erweiterter Cash Flow nach Bankart bezeichnet.

c) *Reicht die Kapitaldienstgrenze aus, um den gewünschten Kredit in Höhe von 3.000.000 € aufzunehmen? Die Bank setzt für ihre Kredite an die GmbH einen Zinssatz von 6 % an.*

Hierbei ist zu berücksichtigen, dass sowohl die bestehenden Darlehen in Höhe von 1.230 T€ als auch das neue Darlehen bedient werden müssen:

- Das neue Darlehen sollte in höchstens 10 Jahren getilgt werden, da dann der Wellnessbereich renoviert und ggf. erneut finanziert werden muss.
- Es wird angenommen, dass die alten Darlehen ebenfalls in 10 Jahren getilgt werden sollen und die Zinsen weiterhin in gleicher Höhe gezahlt werden müssen.

Kapitaldienstgrenze	557 T€
– bisheriger Zinsaufwand	–75 T€
– Zinsaufwand neues Darlehen 6 % auf 3 M€	–180 T€
– Tilgung Altdarlehen	–123 T€
– Tilgung neues Darlehen	–300 T€
= Unterdeckung	**–121 T€**

Das zur Deckung des Kapitaldienstes regelmäßig verfügbare Kapital (=Kapitaldienstgrenze) reicht um 121 T€ nicht aus.

d) *Welche Möglichkeiten zur Verbesserung der Kapitaldienstfähigkeit sehen Sie?*

Es gibt folgende Möglichkeiten – soweit praktisch realisierbar:

- Leistungssteigerung, d. h. Erhöhung der Einnahmen, z. B.
  - Preiserhöhungen,
  - Erhöhung der Kundenzahlen/Verbesserung der Belegung.
- Kostenreduzierung, d. h. Verringerung der Ausgaben, z. B.
  - geringere Lagerhaltung,
  - Reduzierung der Löhne oder der Mitarbeiterzahl,
  - Optimierung der Zahlungsflüsse, z. B. durch Anzahlungen.
- Veräußerung von nicht betriebsnotwendigem Vermögen.
- Reduzierung des (sehr hohen) Geschäftsführergehalts.
- Erhöhung des Eigenkapitals.
- Streckung des Kapitaldienstes; dies ist in der Regel die letzte Möglichkeit für die Bank, da dadurch das Risiko der Bank steigt.

e) *Welche weiteren Möglichkeiten der Finanzierung sehen Sie?*

- Aufnahme weiterer Gesellschafter
- Aufnahme stiller Gesellschafter, Ausgabe von nachrangigen Darlehen (Mezzanin-/Hybrid-Kapital)
- Sale-and-lease-back-Transaktion für Teile des Anlagevermögens

4.2.2 Lösung Fallstudie 2: Kapitalerhöhung

Bearbeitungszeit: 20 Minuten

Stichwörter: (Ordentliche) Kapitalerhöhung, Eigenkapitalquote, Kapitalstruktur

Die börsennotierte Sunshine AG will ein neues Vertriebszentrum errichten. Die Investitionskosten von 100 M€ sollen durch die Ausgabe neuer Aktien finanziert werden. Rahmendaten vor der Kapitalerhöhung:
- *Grundkapital 8 M€*
- *Gesamtes Eigenkapital 50 M€*
- *Bilanzsumme 250 M€*
- *Börsenkurs 60 € pro Aktie*

a) *Wie viele neuen Aktien muss die Sunshine AG emittieren, wenn der Bezugspreis für die neuen Aktien 50 € betragen soll?*

Das gesamte Volumen der Kapitalerhöhung ergibt sich aus Anzahl der Aktien multipliziert mit dem Ausgabepreis, d. h.

$$\text{Anzahl neue Aktien} \times \text{Ausgabepreis} = \text{Volumen Kapitalerhöhung}$$

Demzufolge ergibt sich die Anzahl der Aktien bei gegebenem Volumen der Kapitalerhöhung und gegebenem Ausgabepreis als

$$\text{Anzahl neue Aktien} = \frac{\text{Volumen Kapitalerhöhung}}{\text{Ausgabepreis}} = \frac{100\,\text{M€}}{50\,\text{€/Stück}} = 2\,\text{Mio. Stück}$$

Es müssen 2 Millionen neue Aktien ausgegeben werden.

b) *Welches Bezugsverhältnis ergibt sich, wenn die Aktien einen Nennwert von 1 € haben?*

Das Grundkapital betrug bisher 8 M€; bei einem Nennwert von 1 €/Stück ergibt das eine Anzahl von 8 Mio. Aktien.

Da 2 Mio. Aktien neu ausgegeben werden sollen (der Nennwert muss für alle Aktien einer Gesellschaft identisch sein), ergibt sich ein Bezugsverhältnis von:

$$\text{Bezugsverhältnis} = \frac{\text{Anzahl alte Aktien } a}{\text{Anzahl neue Aktien } n} = \frac{8\,\text{Mio. Stück}}{2\,\text{Mio. Stück}} = \frac{4}{1}$$

c) *Wozu dient das gesetzliche Bezugsrecht der Altaktionäre?*

Das Bezugsrecht dient dazu, die Rechte der Altaktionäre zu schützen:
- Schutz vor Verwässerung der Stimmrechte: Wenn die neuen Aktien bezogen werden, bleibt der Stimmrechtsanteil der Altaktionäre unverändert.
- Schutz vor Kapitalverwässerung: Der Wert der Bezugsrechte gleicht rechnerische Wertverluste durch einen geringeren Ausgabekurs und einen in der Konsequenz niedrigeren Marktwert der Aktie nach der Kapitalerhöhung aus.

d) *Wie viel ist das Bezugsrecht rechnerisch wert?*

Formel zur Berechnung des theoretischen/rechnerischen Werts des Bezugsrechts:

$$\text{BR} = \frac{K_{\text{alt}} - K_{\text{Ausgabe}}}{\frac{a}{n} + 1} = \frac{60\,\text{€/Stück} - 50\,\text{€/Stück}}{\frac{4}{1} + 1}$$

$$= \frac{10\,\text{€/Stück}}{5} = 2\,\text{€/Stück}$$

wobei

K_{alt} = Kurs der Aktie vor der Kapitalerhöhung

K_{Ausgabe} = Ausgabekurs der neuen Aktien

a = Anzahl der alten Aktien

n = Anzahl der neuen Aktien

e) *Warum kann der Börsenkurs von dem berechneten Wert des Bezugsrechts abweichen?*

Der Börsenkurs des Bezugsrechts ergibt sich – wie jeder Marktpreis oder Börsenkurs – aufgrund von Angebot und Nachfrage. So können z. B. die Marktteilnehmer, die die mit der Kapitalerhöhung der Gesellschaft angestrebten Ziele und Strategien sehr interessant finden und entsprechendes Gewinnpotenzial sehen, bereit sein, einen höheren Preis für das Bezugsrecht zu bezahlen als dies rein rechnerisch gerechtfertigt wäre (und umgekehrt).

f) *Wie viel Geld muss ein Neuaktionär im Rahmen der Kapitalerhöhung investieren, um eine neue Aktie zu bekommen?*

Ein Neuaktionär muss für eine Aktie den Ausgabepreis für die Aktie bezahlen und 4 Bezugsrechte erwerben, d. h.

4 Bezugsrechte 4 × 2 €	8 €
Ausgabepreis für eine neue Aktie	50 €
Gesamtinvestition	**58 €**

g) *Wie wirkt sich die Kapitalerhöhung auf die Bilanz der Sunshine AG aus? Geben Sie den mit der Kapitalerhöhung verbundenen Buchungssatz an.*

Die Kapitalerhöhung erhöht die liquiden Mittel und das Eigenkapital (Bilanzverlängerung/Aktiv-Passiv-Mehrung): dabei erhöht der Nennwert der neuen Aktien das Grundkapital, während das Agio (die Differenz zwischen Ausgabepreis und Nennwert) die Kapitalrücklage erhöht, d. h.

Soll Bankguthaben	100 M€	
Haben Grundkapital		2 M€
Haben Kapitalrücklage		98 M€

h) *Wie wirkt sich die Kapitalerhöhung auf die Eigenkapitalquote der Sunshine AG aus? Runden Sie auf 2 Nachkommastellen.*

Die Eigenkapitalquote ist wie folgt definiert:

$$\text{Eigenkapitalquote} = \frac{\text{Eigenkapital}}{\text{Bilanzsumme}} \quad (\text{in \%})$$

Das ergibt vor der Kapitalerhöhung:

$$\text{Eigenkapitalquote} = \frac{50\,\text{M}€}{250\,\text{M}€} = 20\,\% \, .$$

Die Kapitalerhöhung erhöht das Eigenkapital und (siehe g)) die Bilanzsumme, da kein Passivtausch, sondern eine Bilanzverlängerung vorliegt:

$$\text{Eigenkapitalquote} = \frac{150\,\text{M}€}{350\,\text{M}€} = 42,86\,\% \, .$$

4.2.3 Lösung Fallstudie 3: Kreditfinanzierung/Annuitätenmethode

Bearbeitungszeit: 15 Minuten

Stichwörter: Kapitalbedarf, Annuitätentilgung/-darlehen

Klaus Klever plant den Kauf einer Eigentumswohnung für 120 T€ inkl. Erwerbsnebenkosten und Grunderwerbsteuer. Er hat 20 T€ Eigenkapital. Den Rest will er über ein Bankdarlehen mit einem Zinssatz von 3 % und 30-jähriger Zinsbindung finanzieren.

Gehen Sie davon aus, dass alle Zahlungen am Ende des Jahres anfallen und rechnen Sie in vollen €, ansonsten mit 4 Nachkommastellen.

a) *Was ist ein Annuitätendarlehen?*

Ein Annuitätendarlehen ist ein Darlehen mit einem gleichbleibenden Kapitaldienst (Kapitaldienst = Zins + Tilgung). Dabei nimmt der Zinsanteil im Zeitverlauf ab, weil der Zins immer auf die noch offene Restschuld berechnet wird, während der Tilgungsanteil kontinuierlich ansteigt.

b) *In welcher Höhe wird Klaus einen Bankkredit aufnehmen (lassen Sie den Finanzierungseffekt aus Abschreibungen außen vor)?*

Bei Anschaffungskosten von 120 T€ und Eigenkapital von 20 T€, das er für den Kauf einsetzen kann, muss er den Restbetrag von 100 T€ über einen Kredit finanzieren.

c) *Wie hoch ist der jährliche Kapitaldienst, wenn das Bankdarlehen nach 30 Jahren vollständig getilgt sein soll und er eine konstante finanzielle Belastung in den 30 Jahren haben will?*

Eine konstante finanzielle Belastung pro Jahr erfordert ein Annuitätendarlehen, d. h. zunächst muss die Annuität berechnet werden:

Das erfordert die Ermittlung des Rentenbarwertfaktors:

$$\text{RBF} = \frac{(1+i)^n - 1}{(1+i)^n i} = \frac{1,03^{30} - 1}{1,03^{30} \times 0,03} = 19,6004$$

wobei

RBF = Rentenbarwertfaktor

i = Zinssatz

n = Laufzeit des Kredits

Dies ergibt eine Annuität von

$$A = \frac{K_0}{\text{RBF}} = \frac{100\,\text{T€}}{19{,}6004} = 5.102\,\text{€}$$

wobei

A = Annuität

K_0 = Kreditbetrag (Barwert der Annuitäten)

Der jährliche Kapitaldienst beträgt somit 5.102 €.

4.2.4 Lösung Fallstudie 4: Konzernabschluss Wein & Sekt

Bearbeitungszeit: 20 Minuten

Stichwörter:
Konsolidierungsmethoden, Durchführen einer Konsolidierung / Konsolidierungsschritte

Der Wein & Sekt Konzern besteht aus einer Muttergesellschaft, der Riesling AG mit Sitz in Deidesheim an der Weinstraße, und einer Vertriebs-GmbH mit Sitz in Pforzheim.

Die Muttergesellschaft (MG) hat neben der Beteiligung von 300 T€ an der Tochtergesellschaft (TG) sonstige Aktiva in Höhe von 700 T€ bilanziert. Die MG ist zu 50 % mit Eigenkapital und zu 50 % mit Fremdkapital finanziert.

Die TG hat ein Eigenkapital in Höhe von 80 T€ und Fremdkapital in Höhe von 320 T€ passiviert. In ihren Aktiva ist ein Grundstück mit einem Buchwert von 100 T€ (Verkehrswert zum Zeitpunkt des Erwerbs durch die Muttergesellschaft 200 T€) enthalten.

a) *Welche Konsolidierungsarten kennen Sie?*

Vollkonsolidierung (§ 300 ff.)

Anteilsmäßige Konsolidierung (§ 310)

At-Equity-Konsolidierung (Ansatz assoziierter Unternehmen; § 312)

b) *Erstellen Sie die Bilanzen für die MG und die TG in Kontoform.*

Tab. 22. Bilanz Muttergesellschaft.

Bilanz der Muttergesellschaft (in T€)

Aktiva		Passiva	
Anteile an verb. Untern.	300	Eigenkapital	500
Sonstige Aktiva	700	Schulden	500
Bilanzsumme	1.000	Bilanzsumme	1.000

Tab. 23. Bilanz Tochtergesellschaft.

Bilanz der Tochtergesellschaft (in T€)

Aktiva		Passiva	
Grundstück	100	Eigenkapital	80
Sonstige Aktiva	300	Schulden	320
Bilanzsumme	400	Bilanzsumme	400

c) *Erstellen Sie den Konzernabschluss und geben Sie die dafür erforderlichen Buchungssätze an.*

1. Schritt: Erstellen der Summenbilanz
Summenbilanz des Wein & Sekt Konzern (in T€), Staffelform

Tab. 24. Summenbilanz Wein & Sekt Konzern (Staffelform).

Aktiva	MG	TG	Summenbilanz
Grundstück		100	100
Anteile an verbund. Unternehmen	300		300
Sonstige Aktiva	700	300	1.000
Summe Aktiva	1.000	400	1.400
Passiva			
Eigenkapital	500	80	580
Schulden	500	320	820
Summe Passiva	1.000	400	1.400

Ergänzend in Kontenform:

Tab. 25. Summenbilanz Wein & Sekt Konzern (Kontenform).

Aktiva		Passiva	
Anteile an verb. Unt.	300	Eigenkapital	580
Grundstück	100	Schulden	820
Sonstige Aktiva	1.000		
Bilanzsumme	1.400	Bilanzsumme	1.400

2. Schritt: Kapitalkonsolidierung
Verrechnung der Anteile an verbundenen Unternehmen mit dem Eigenkapital der Tochtergesellschaft (in T€):

Soll Eigenkapital   80
Soll aktiver Unterschiedsbetrag   220
            Haben Anteile an verbundenen Unternehmen   300

3. Schritt: Verteilung des aktiven Unterschiedsbetrags

Aufteilen des aktiven Unterschiedsbetrag auf neu zu bewertende Vermögensgegenstände und Schulden sowie Geschäfts- oder Firmenwert: Kaufpreisaufteilung (Purchase Price Allocation):

Soll Grundstück   100
Soll Geschäfts- oder Firmenwert   120
            Haben aktiver Unterschiedsbetrag   220

4. Schritt: Aufstellung Konzernbilanz (Integration von 2. und 3. in 1.)
Konzernbilanz Wein & Sekt Konzern

Tab. 26. Konzernbilanz Wein & Sekt Konzern.

Aktiva		Passiva	
Geschäfts- oder Firmenwert	120	Eigenkapital	500
Grundstück	200	Schulden	820
Sonstige Aktiva	1.000		
Bilanzsumme	1.320	Bilanzsumme	1.320

4.2.5 Lösung Fallstudie 5: Bilanzanalyse Luxury and Sports Cars GmbH

Bearbeitungszeit: 15 Minuten

Stichwörter: Bilanzielle Überschuldung, effektive Überschuldung, Liquiditätskennziffern

Anatoli Antes hat vor 8 Jahren die Luxury and Sports Cars GmbH gegründet. Er ist alleiniger Geschäftsführer. Nach einigen erfolgreichen Jahren waren die beiden letzten Geschäftsjahre durch hohe Verluste gekennzeichnet. Zwischenzeitlich hat Anatoli eine neue Strategie für die GmbH entwickelt und das Unternehmen zum 1. Januar 20X2 umfirmiert in Green and Sun Cars GmbH. Die neue Strategie trägt Früchte, was u. a. in dem deutlich gesteigerten Umsatz in der ersten Jahreshälfte 20X2 mit rund 13 M€ zum Ausdruck kommt.

Der stark verkürzte vorläufige (!) Jahresabschluss der GmbH sieht wie folgt aus (in T€):

Tab. 27. Bilanz Luxury and Sports Cars GmbH (Lösung).

Jahr	20X1		20X1
Anlagevermögen	**950**	**Eigenkapital**	**−2.480**
Um- und Einbauten	250		
Maschinen	600	**Rückstellungen**	**530**
BGA	100		
		Verbindlichkeiten	**5.000**
Umlaufvermögen	**2.100**	Bankschulden	1.400
Vorräte	500	VB ggü. Gesellschaftern	2.000
Forderungen	1.050	VB aus L+L	1.000
Sonstige VG	500	Sonstige VB	600
Kasse	50		
Bilanzsumme	**3.050**	**Bilanzsumme**	**3.050**

Tab. 28. GuV Luxury and Sports Cars GmbH (Lösung).

Kurz-GuV der letzten zwei Jahre

Jahr	20X1	20X0
Umsatz	15.600	15.500
− Materialaufwand	12.000	12.300
= Rohergebnis	3.600	3.200
− Personalaufwand	2.800	2.500
− Abschreibungen auf AV	150	200
− sonst. betr. Aufwand	1.800	1.600
− negatives Zinsergebnis	120	150
= Ergebnis gewöhnlichen Geschäftstätigkeit	−1.270	−1.250
− Steuern	−10	−20
= Jahresüberschuss	−1.280	−1.270

Erläuterungen für 20X1:

–   *Rückstellungen: keine Pensionsrückstellungen, Garantierückstellungen 120 T€, für Urlaub 250 T€, für Überstunden 100 T€, für JA-Arbeiten 30 T€, Sonstige kurzfristige Rückstellungen 30 T€. Seit Jahren haben etwa 20 T€ der Garantierückstellungen langfristigen Charakter.*

–   *Die Um- und Einbauten wurden vor 8 Jahren bei Erstbezug für 875 T€ errichtet und über die Dauer des Erstmietvertrages linear abgeschrieben. Heute würde Anatoli ca. 900 T€ für die Errichtung dieser Einbauten bezahlen.*

- Der Mietvertrag läuft Ende 20X3 aus. Ende Juni 20X2 hat Anatoli fristgerecht seine Option zur Verlängerung des Mietvertrages um weitere fünf Jahre (20X4 bis 20X8) ausgeübt.
- Im Personalaufwand 20X0 sind 800 T€ Geschäftsführerbezüge enthalten. Davon wurden 500 T€ nicht ausbezahlt (von Anatoli gestundet bis 20X4). Sie wurden unter den sonstigen VB passiviert.
- Das Ergebnis wird wie in den Vorjahren vorgetragen.
- Langfristige Bankdarlehen bestehen seit Jahren in Höhe von 1 M€.
- Die Verbindlichkeiten gegenüber Gesellschaftern stammen aus einem langfristigen Darlehen über 2 M€, das Anatoli der GmbH gewährt hat.
- Anatoli hat ein umweltschonendes und kostengünstiges Verfahren zur vollständigen Lackierung von Fahrzeugen entwickelt und patentieren lassen. Dadurch kann er besonders kostengünstige Lackierungen anbieten. Für dieses Patents liegen ihm zwei Angebote über 2 M€ vor.
- Die sonstigen VG sind innerhalb eines Jahres fällig; von den sonstigen VB sind 500 T€ langfristig.

Als Berater von Anatoli Antes analysieren Sie die Situation und sollen für ihn Empfehlungen geben. Folgende Teilfragen stellen sich:

a) Ist die GmbH bilanziell überschuldet und wenn ja, unter welchem Bilanzposten ist das Eigenkapital auszuweisen?

Ja – Die bilanzierten Schulden sind größer als das bilanzierte Vermögen. Die Differenz ist als nicht durch Eigenkapital gedeckter Fehlbetrag auf der Aktivseite auszuweisen (§ 268 Abs. 3).

b) Berechnen Sie die Liquidität 3. Grades.

$$\text{Liquidität 3. Grades} = \frac{\text{Umlaufvermögen}}{\text{kurzfristige Verbindlichkeiten}} \; (\text{in } \%)$$

Aus den Erläuterungen ergibt sich, dass von den Verbindlichkeiten über 5.000 T€ folgende langfristig sind:

- Bankverbindlichkeiten von 1.000 T€
- Verbindlichkeiten gegenüber dem Gesellschafter 2.000 T€
- sonstige Verbindlichkeiten von 500 T€

Somit ist der Rest in Höhe von 1.500 T€ kurzfristig.

$$\text{Liquidität 3. Grades} = \frac{2.100 \, \text{T€}}{1.500 \, \text{T€}} = 140\,\%$$

D. h. die kurzfristigen Verbindlichkeiten sind mehr als vollständig durch kurzfristige Aktiva gedeckt.

c) *Ist die GmbH effektiv überschuldet? Berechnung!*

Eine Kapitalgesellschaft ist effektiv überschuldet, wenn ihr effektives Eigenkapital negativ ist. Zur Berechnung des effektiven Eigenkapitals wird von dem bilanziellen Eigenkapital ausgegangen und anschließend die stillen Reserven und die stillen Lasten aufgedeckt, d. h. das Eigenkapital zu Zeitwerten ermittelt.

Die stillen Reserven des Patents sind mit 2.000 T€ gegeben; die stillen Reserven der Um- und Einbauten müssen noch ermittelt werden:

Zu berücksichtigen ist die neue Nutzungsdauer von insgesamt 15 Jahren (d. h. verbleibende Restnutzungsdauer von 7 Jahren). Dabei sind aber die bisherigen Anschaffungskosten zugrunde zu legen. Dass die Einbauten aktuell mit 900 T€ teurer wären, bedeutet noch nicht, dass eine stille Reserve besteht (da es hierzu auf die Verkaufsmöglichkeit, nicht auf den Kaufpreis ankommt).

historische AHK	875.000 €
ursprüngl. Nutzungsdauer	10 Jahre
Abschreibung p. a.	87.500 €
Restbuchwert Ende 20X1	175.000 €
neue Nutzungsdauer	15 Jahre
Abschreibung p. a.	58.333 €
Neuer Restbuchwert 20X1	408.333 €
Stille Reserve	**233.333 €**

in T€

Bilanzielles Eigenkapital	−2.480
+ Stille Reserve Patent	+2.000
+ Stille Reserve Ein- und Umbauten	+233
= Effektives Eigenkapital	**−247**

Die GmbH ist effektiv überschuldet, das negative effektive Eigenkapital beträgt −247 T€.

d) *Welche Möglichkeiten sehen Sie, um die bilanzielle Überschuldung zu beseitigen bzw. zu reduzieren?*

1. Rangrücktrittsvereinbarung für das Gesellschafterdarlehen
   → Reduktion der Verbindlichkeiten um 2.500 T€
2. Rangrücktrittsvereinbarung für das nicht ausbezahlte Gehalt
   → Reduktion der Verbindlichkeiten um 500 T€
3. Sale-and-lease-back-Transaktion mit dem Patent
   → Hebung stiller Reserven in Höhe von 2.000 T€
4. Sale-and-lease-back-Transaktion mit den Ein- und Umbauten
   → Hebung stiller Reserven in Höhe von 233 T€

4.2.6 Lösung Fallstudie 6: Kreditfinanzierung

Bearbeitungszeit: 20 Minuten

Stichwörter: Effektivzins, Disagio, Sicherheiten (hier: Sicherungsübereignung), Leasing

---

Die Pforzheimer Metallfabrik GmbH möchte zum 1. Juli 20X1 einen Schweißautomaten erwerben, der insgesamt 100.000 € kostet und zu 100 % finanziert werden soll. Die Uni-Bank bietet wunschgemäß folgende zwei endfällige Kreditvarianten an:

Variante A: 8 % fest für 5 Jahre bei 100 %iger Auszahlung

Variante B: 7 % fest für 5 Jahre bei 97 %iger Auszahlung.

Es ergeben sich folgende Fragen:

a) *Wie nennt man die zweite Variante (Variante B) mit einem Fachbegriff?*

Disagiovariante (auch: Damnum oder Abgeld)

b) *Welche Variante ist der Metallfabrik GmbH renditemäßig zu empfehlen. Rechnen Sie annäherungsweise, wenn weitere Kosten nicht anfallen!*

Variante A:

Aus- und Rückzahlung zu 100 %, daher Effektivzins $i_{\text{eff}} = 8\,\%$

Variante B:

$$i_{\text{eff}} = \left(i_{\text{nom}} + \frac{\text{Disagio in }\%}{n}\right)\frac{R}{A} = \left(7\,\% + \frac{3\,\%}{5}\right)\frac{100\,\%}{97\,\%} \approx 7{,}8\,\%$$

wobei

i_{eff} = Effektivzins

i_{nom} = Nominalzins

n = Kreditlaufzeit

R = Rückzahlungskurs in %

A = Auszahlungskurs in % (Disagio in % = R – A)

Damit ist Variante B günstiger als Variante A.

Hinweis:

Ein mathematisch korrekter Vergleich ist mittels der Kapitalwertmethode möglich.

c) *Die Metallfabrik GmbH wählt die Variante B. Wie könnte am Jahresende der Geschäftsvorfall in der Handels- und Steuerbilanz dargestellt werden, wenn die Zinsen halbjährig zum 30. 06. und 31. 12. zu entrichten sind. Rechnen Sie genau (in vollen €) und begründen Sie Ihr Ergebnis! Am besten zeigen Sie Ihre Ergebnisse – Bankschulden und Zinsaufwand am Jahresende – anhand der Buchungssätze!*

Der Kapitalbedarf beträgt 100.000 € und entspricht dem Auszahlungsbetrag. Der Kreditbetrag beträgt damit unter Berücksichtigung des Disagios:

$$\text{Kreditbetrag} = \frac{\text{Auszahlungsbetrag}}{\text{Auszahlungskurs in }\%} = \frac{100.000\,\text{€}}{97\,\%} = 103.093\,\text{€}$$

Für die Verbuchung des Disagios gibt es zwei Varianten:

1. Sofortaufwand (steuerlich nicht zulässig):
    Buchungen zum 01. 07. 20X1

Soll Bankguthaben	100.000 €	
Soll Zinsaufwand	3.093 €	
Haben Bankverbindlichkeiten		103.093 €

    Das Disagio wird sofort und vollständig als Zinsaufwand verbucht.
    Buchungen zum 31. 12. 20X1

Soll Zinsaufwand	3.608 €	
Haben Bankguthaben	3.608 €	

    7 % bezogen auf einen Rückzahlungsbetrag von 103.093 €, wobei nur die Hälfte jetzt fällig ist.
    Dies ergibt für das erste volle Jahr einen Zinsaufwand von

    $$\text{Disagio} + \text{Zins} = 3.093 \text{ €} + 7.216 \text{ €} = 10.309 \text{ €}.$$

    Für alle Folgejahre fällt nur noch der Zinsaufwand von 7.216 € an.

2. Abgrenzung des Disagios (steuerlich anzuwenden):
    Buchungen zum 01. 07. 20X1

Soll Bankguthaben	100.000 €	
Soll Aktiver Rechnungsabgrenzungsposten	3.093 €	
Haben Bankverbindlichkeiten		103.093 €

    Das Disagio wird nur anteilig über die Laufzeit des Darlehens aufgelöst.
    Buchungen zum 31. 12. 20X1

Soll Zinsaufwand	3.608 €	
Soll Zinsaufwand	309 €	
Haben Bankguthaben	3.608 €	
Haben ARAP	309 €	

    Zusätzlich zum zu zahlenden Zinsaufwand wird das Disagio aufgelöst.
    Dies ergibt für das erste volle Jahr einen Zinsaufwand von

    $$\text{anteiliges Disagio} + \text{Zins} = 618 \text{ €} + 7.216 \text{ €} = 7.834 \text{ €}.$$

    Dieser Betrag bleibt für alle Folgejahre konstant (Rundungen im letzten Jahr vorbehalten). Da das Darlehen endfällig ist, steht am 31. 12. 20X1 noch der volle Darlehensbetrag von 103.093 € in der Bilanz.

d) *Halten Sie die Wahl einer endfälligen Tilgungsvariante betriebswirtschaftlich im konkreten Fall für sinnvoll? Warum?*
    Nein, die Tilgungsquote sollte mindestens der Abschreibungsquote entsprechen: Dem Unternehmen fließen über die verdienten Abschreibungen entsprechende Mittel zu, die zur Tilgung verwendet werden können. Sofern diese Mittel anderweitig verwendet werden (können), steigt für die Bank das Risiko, dass am Ende ggf. nicht bzw. nicht vollständig getilgt werden kann.

e) *Welche Sicherheit drängt sich aus der Investition für die Uni-Bank geradezu auf.*
Bezeichnen Sie die Sicherheit mit dem Fachbegriff und beschreiben Sie deren Kon-
struktion kurz und prägnant!
Eine Sicherungsübereignung der Maschine (§ 930 BGB).
Im Rahmen einer Sicherungsvereinbarung (eines Besitzmittlungskonstituts) wird
die Maschine rechtlich der Bank übereignet, bleibt aber im Besitz des Unternehmens und kann von diesem unentgeltlich genutzt werden. Rechtlicher Eigentümer ist somit die Bank, wirtschaftlicher Eigentümer (Besitzer) ist das Unternehmen.
Hinweis:
Aufgrund des wirtschaftlichen Eigentums wird die Maschine beim Unternehmen
bilanziert und abgeschrieben, nicht bei der Bank. Dies würde sich erst ändern,
wenn die Bank im Falle eines Zahlungsverzugs des Unternehmens die Sicherheit
verwertet, d. h. neben dem rechtlichen Eigentum den Besitz erlangt.

f) *Die Metallfabrik GmbH denkt alternativ zum Bankkredit auch daran, die Maschine*
zu leasen. Welche Vorteile hätte die Leasingvariante gegenüber dem Bankkredit.
Nennen Sie drei schlagende Kriterien!
1. Bei einer kurzen Laufzeit des Leasingvertrags, ist eine bessere Anpassung an
den technischen Fortschritt möglich, bzw. der Maschinenpark veraltet nicht
so schnell.
2. Geringerer Kapitalbedarf, da nicht der komplette Kauf finanziert werden
muss, sondern – parallel zur Nutzung – die Leasingraten.
3. Sofern aufgrund der Vertragsgestaltung ein „operating lease" vorliegt, wird
die Maschine beim Leasinggeber bilanziert, d. h. beim Leasingnehmer verkürzt sich die Bilanz (im Vergleich zum Kauf); unter sonst gleichen Bedingungen führt dies zu einer höheren Eigenkapitalquote.

4.2.7 Lösung Fallstudie 7: Abschreibungen

Bearbeitungszeit: 15 Minuten

Stichwörter: Finanzierung aus Abschreibungen, Kapitalfreisetzungseffekt, Niederstwertprinzip im Anlagevermögen

Es werden zwei Maschinen zu folgenden Bedingungen angeschafft: Anschaffungskosten
je 20.000 € gleich zu Beginn des Kalenderjahres, Nutzungsdauer 4 Jahre, lineare Ab-
schreibung. Die Anschaffung erfolgt über die Jahre gestaffelt: 1. Maschine angeschafft
im Januar des ersten Jahres, ersetzt Ende des vierten Jahres; 2. Maschine Anschaffung
im zweiten Jahr, Ersatz am Ende des fünften Jahres.

a) *Wie hoch ist die Kapitalfreisetzung im ersten Jahr und – langfristig – der maximale Kapitalbedarf? Zeigen Sie das Ergebnis für die ersten acht Jahre anhand des Kontostandes eines Extrakontos, auf dem sich – vor der Investition! – „20 T€ Guthaben" befinden und allein die Investitionsauszahlungen und Abschreibungen verbucht werden!*

Tab. 29. Kapitalfreisetzungseffekt.

					Jahre				
	0	1	2	3	4	5	6	7	8
Abschreibung Maschine 1		+5	+5	+5	+5	+5	+5	+5	+5
Abschreibung Maschine 2			+5	+5	+5	+5	+5	+5	+5
Summe Abschr.		+5	+10	+10	+10	+10	+10	+10	+10
Investitionen	−20	−20	0	0	−20	−20	0	0	−20
Kapitalbedarf pro Periode	−20	−15	+10	+10	−10	−10	+10	+10	−10
Konto zu Beginn	20	0	−15	−5	+5	−5	−15	−5	+5
Konto am Ende	0	−15	−5	+5	−5	−15	−5	+5	−5

Der maximale Kapitalbedarf beträgt (Ende Jahr 1) 35 T€ (zweimalige Investition von 20 T€ abzgl. einer Jahresabschreibung von 5 T€). Das Konto schwankt zwischen −15 T€ und +5 T€.

b) *Am Ende des zweiten Jahres ergibt sich folgendes Problem: Die Maschinen stehen infolge einer Innovation im Fokus der Bilanzbewertung. Für die Maschinen gibt es einen regen Gebrauchtmarkt, die Preise für gebrauchte Maschinen beziffern sich am Bilanzstichtag nach einer sorgfältigen Recherche wie folgt:*

- *12 Monate alte Maschinen 14 T€,*
- *24 Monate alte Maschinen 11 T€,*
- *36 Monate alte Maschinen 7 T€,*
- *48 Monate alte Maschinen 3 T€.*

Welcher handelsrechtliche Bilanzansatz ergibt sich am Ende des zweiten Jahres nach der Anschaffung? Begründung!

Grundsatz:

Bilanzierung zu fortgeführten Anschaffungskosten, d. h. Anschaffungskosten abzüglich der planmäßigen Abschreibung (§ 253 Abs. 1), sofern keine dauerhafte Wertminderung vorliegt. Im letzteren Fall ist mit einer außerplanmäßigen Abschreibung auf den niedrigeren, beizulegenden Wert abzuschreiben (§ 253 Abs. 3). Damit ergibt sich Folgendes: Ende des zweiten Jahres sind zwei Maschinen im Bestand:

1. Maschine: Alter 2 Jahre

Buchwert 10 T€ (Anschaffungskosten 20 T€ abzgl. zwei Jahresabschreibungen von je 5 T€)

Marktwert 11 T€

→ kein Handlungsbedarf, da die fortgeführten Anschaffungskosten die Wertobergrenze darstellen.

2. Maschine: Alter 1 Jahr

Buchwert 15 T€ (Anschaffungskosten 20 T€ abzgl. einer Jahresabschreibung von 5 T€)

Marktwert 14 T€

→ Marktwert liegt unter dem Buchwert, d. h. es liegt eine Wertminderung vor; diese ist aber voraussichtlich nicht dauerhaft (s. 1. Maschine), sodass kein Abschreibungsbedarf besteht.

Ergebnis: Bewertung beider Maschinen mit den fortgeführten Anschaffungskosten von insgesamt 25 T€.

4.2.8 Lösung Fallstudie 8: Konzernabschluss Snow und Ski

Bearbeitungszeit: 15 Minuten

Stichwörter: Konzernabschluss, Durchführen einer Konsolidierung, share deal, asset deal

Die Snow AG hat am 31. Dezember 20X1 100 % der Geschäftsanteile der Ski GmbH für einen Kaufpreis in Höhe von 2 M€ erworben, um zukünftig nicht nur Skibekleidung, sondern auch Skiausrüstungen aus einer Hand anbieten zu können. Der Kaufpreis wurde noch am 31. Dezember 20X1 bezahlt.

Tab. 30. Bilanz Snow AG (Lösung).

Vorläufige Kurz-Bilanz der Snow AG zum 31. 12. 20X1 <u>vor</u> *Erwerb der Ski GmbH*

	T€		*T€*
Anlagevermögen	*950*	*Eigenkapital*	*1.520*
Umlaufvermögen	*5.100*	*Schulden*	*4.530*
Vorräte	*1.500*		
Forderungen	*800*		
Sonstige VG	*500*		
Kasse	*2.300*		
Bilanzsumme	**6.050**	**Bilanzsumme**	**6.050**

Tab. 31. Bilanz Ski GmbH (Lösung).

Kurz-Bilanz der Ski GmbH zum 31. 12. 20X1

	T€		T€
Anlagevermögen	250	Eigenkapital	400
Umlaufvermögen	2.100	Schulden	1.950
Vorräte	500		
Forderungen	800		
Sonstige VG	500		
Kasse	300		
Bilanzsumme	**2.350**	**Bilanzsumme**	**2.350**

Erläuterungen zum Abschluss der Ski GmbH:
- Im Anlagevermögen ist eine voll abgeschriebene Maschine enthalten, die weiterhin genutzt werden soll und deren Reproduktionszeitwert bei 200 T€ liegt.
- Eigenkapital: das Eigenkapital beinhaltet den vollen Jahresüberschuss 20X1 in Höhe von 80 T€.
- Rückstellungen: es fehlen noch die Pensionsrückstellungen in Höhe von 100 T€.
- Die Ski GmbH vertreibt ihre Produkte überwiegend über die selbst aufgebaute Marke „Solo", die laut Branchenexperten einen Wert von 500 T€ hat.

a) Erstellen Sie den Konzernabschluss und führen Sie die Kapitalkonsolidierung durch. Geben Sie bitte auch die erforderlichen Buchungssätze an. Sie können dabei das Umlaufvermögen (UV) zusammengefasst in einer Zeile zeigen.
Alle Werte in T€
1. Schritt: Einbuchung Beteiligung und Zusammenfassung UV
Das Einbuchen der Beteiligung ergibt:

Soll Anteile an verbundenen Unternehmen   2.000
         Haben Kasse   2.000

Angepasste Bilanz der Snow AG

Tab. 32. Angepasste Bilanz Snow AG.

	T€		T€
Anlagevermögen	2.950	Eigenkapital	1.520
Umlaufvermögen	3.100	Schulden	4.530
Bilanzsumme	**6.050**	**Bilanzsumme**	**6.050**

2. Schritt: Erstellung der Summenbilanz für den Konzern

Erstellen der Summenbilanz durch Aufaddieren der Einzelpositionen; dies ergibt:
in T€; MG = Muttergesellschaft, TG = Tochtergesellschaft in Staffelform

Tab. 33. Summenbilanz Snow Konzern (Staffelform).

Aktiva	MG	TG	Summenbilanz
Anlagevermögen	2.950	250	**3.200**
Umlaufvermögen	3.100	2.100	**5.200**
Bilanzsumme Aktiva	6.050	2.350	**8.400**
Passiva			
Eigenkapital	1.520	400	**1.920**
Schulden	4.530	1.950	**6.480**
Bilanzsumme Passiva	6.050	2.350	**8.400**

Ergänzend in Kontenform: Summenbilanz Snow Konzern

Tab. 34. Summenbilanz Snow Konzern (Kontenform).

	T€		T€
Anlagevermögen	**3.200**	**Eigenkapital**	**1.920**
Umlaufvermögen	**5.200**	**Schulden**	**6.480**
Bilanzsumme	**8.400**	**Bilanzsumme**	**8.400**

3. Schritt: Ermittlung aktiver Unterschiedsbetrag

Ermittlung des Unterschieds zwischen Kaufpreis der Anteile und des erworbenen Eigenkapitals.

Soll Eigenkapital	400	
Soll aktiver Unterschiedsbetrag	1.600	
Haben Anteile an verbundenen Unternehmen		2.000

4. Schritt: Verteilung des aktiven Unterschiedsbetrags

Verteilung des aktiven Unterschiedsbetrag auf neu zu bewertende Aktiva und Passiva und Ermittlung des Geschäfts- oder Firmenwerts (GoFW) als Restgröße:

Soll Anlagevermögen (Sachanlagen)	200	
Soll Anlagevermögen (Markenwert)	500	
Soll Anlagevermögen (GoFW)	1.000	
Haben Schulden (Pensions-Rückstellung)		100
Haben aktiver Unterschiedsbetrag		1.600

5. Schritt: Zusammenfassung von 3. und 4. in die Konzernbilanz

Konzernbilanz Snow Konzern

Tab. 35. Konzernbilanz Snow Konzern.

	T€		T€
Anlagevermögen	2.900	Eigenkapital	1.520
Umlaufvermögen	5.200	Schulden	6.580
Bilanzsumme	8.100	Bilanzsumme	8.100

b) *In welchem Fall ist auch im Einzelabschluss eine Purchase-Price-Allocation (Kauf-preisaufteilung) erforderlich?*
Bei einem „asset deal", d. h. es wird ein Geschäft in Form von Einzelvermögensge-genständen und -schulden erworben, entsteht der GoFW im Einzelabschluss und entsprechend ist die Kaufpreisaufteilung bereits im Einzelabschluss zu machen.

4.2.9 Lösung Fallstudie 9: Abschreibungen/Anzahlung

Bearbeitungszeit: 20 Minuten

Stichwörter: Anschaffungskosten, planmäßige und außerplanmäßige Abschreibungen, Wertaufho-lung, Anzahlungen

Die Zimmerei Karl Dach KG braucht einen neuen Lieferwagen. Der Lieferwagen wird am 18. 01. 20X4 geliefert, zahlbar ist der Wagen innerhalb von 1 Woche mit 1 % Skonto oder in 4 Wochen netto. Karl Dach skontiert nicht, der Lieferwagen kostet 28.800 € netto. Für die Zulassung und Überführung verlangt der Händler 400 € netto. Es wird mit einer Nutzungsdauer von 5 Jahren gerechnet. Der erwartete Wiederverkaufspreis in 5 Jahren für das dann gebrauchte Kfz wird pauschal auf 3.000 € geschätzt.

a) *Ermitteln Sie die Abschreibungen und erstellen Sie den Abschreibungsplan bei li-nearer Abschreibung (Jahresabschreibungen)! Gehen Sie davon aus, dass Karl Dach alle üblichen Wahlrechte geltend macht!*
Anschaffungskosten:

Anschaffungspreis	28.800 €
+ Zulassung und Überführung	400 €
= Anschaffungskosten	29.200 €

Da der Restwert nur pauschal geschätzt wird, kann er für die handelsrechtliche Bi-lanzierung nicht angesetzt werden. Die Abschreibungsbasis entspricht somit den

Anschaffungskosten. Bei einer Nutzungsdauer von 5 Jahren ergibt dies eine lineare Abschreibung von 5.840 € pro Jahr. Da der Zugang im Januar erfolgt, ist es üblich, die gesamte Januarabschreibung zu verbuchen, d. h. auch im ersten Jahr gibt es eine volle Jahresabschreibung.

Tab. 36. Abschreibungsplan Karl Dach.

Jahr	Restbuchwert zu Beginn in €	Abschreibung in €	Restbuchwert am Ende in €
20X1	29.200	5.840	23.360
20X2	23.360	5.840	17.520
20X3	17.520	5.840	11.680
20X4	11.680	5.840	5.840
20X5	5.840	5.840	0

b) *Anfang Januar 20X2 lässt Karl Dach eine Klimaanlage für 2.000 € nachrüsten. Wie wirkt sich das auf den Abschreibungsplan aus?*

Die Klimaanlage verbessert die Nutzungsfähigkeit des Wagens, daher handelt es sich um nachträgliche Anschaffungskosten, die den Restbuchwert im Januar 20X2 und dann die jährliche Abschreibung erhöhen.

Tab. 37. Abschreibungsplan – nachträgliche Anschaffungskosten.

Jahr	Restbuchwert zu Beginn in €	Abschreibung in €	Restbuchwert am Ende in €
20X1	29.200	5.840	23.360
20X2	**25.360**	**6.340**	19.020
20X3	19.020	6.340	12.680
20X4	12.680	6.340	6.340
20X5	6.340	6.340	0

c) *Angenommen aufgrund neuer Abgasvorschriften beträgt der abgeleitete Marktwert für ein vergleichbares (gebrauchtes) Kfz um 31. 12. 20X2 nur noch 6.000 €. Welcher Wert ist bei linearer Abschreibungsmethode am 31. 12. 20X2 und an den Folgeterminen anzusetzen (Begründung)?*

Bei einem Wertverlust aufgrund neuer Gesetze ist von einer voraussichtlich dauerhaften Wertminderung auszugehen. Demzufolge ist auf den niedrigeren Marktwert außerplanmäßig abzuschreiben (§ 253 Abs. 3): gemildertes Niederstwertprinzip.

Die neue Gesetzesregelung gibt aber keine Anhaltspunkte dafür, dass die Nutzungsdauer verkürzt werden müsste. Daher ist auf Basis des neuen Restbuchwer-

tes nach außerplanmäßiger Abschreibung die planmäßige Abschreibung für die
verbleibende Restnutzungsdauer neu zu berechnen.

Tab. 38. Abschreibungsplan – außerplanmäßige Abschreibung.

Jahr	Restbuchwert zu Beginn in €	Abschreibung in €	Restbuchwert am Ende in €
20X1	29.200	5.840	23.360
20X2	25.360	Planmäßig 6.340	**6.000**
		Außerplanmäßig 13.020	
20X3	6.000	**2.000**	4.000
20X4	4.000	2.000	2.000
20X5	2.000	2.000	0

d) *Karl Dach erhält Anfang Dezember 20X3 ein Angebot eines osteuropäischen Gebrauchtwagenhändlers in Höhe von 16.000 € netto. Um seinem Angebot Nachdruck
zu verleihen, zahlt der Händler Mitte Dezember 20X3 8.000 € an; Karl Dach stimmt
dem Verkauf zu; die Übergabe und Schlusszahlung wird für Mitte Januar vereinbart.
Wie ist die Anzahlung zu verbuchen? Wie wirkt sich der geplante Verkauf auf die
Bilanzierung des Lieferwagens zum 31. 12. 20X3 aus?*

Die Anzahlung ist unabhängig vom Anlagevermögen zu verbuchen:

Soll Bankguthaben   8.000 €
      Haben Erhaltene Anzahlungen   8.000 €

Durch das nachdrückliche und dann bindende Angebot ist der Grund für die außerplanmäßige Abschreibung entfallen. Somit besteht eine Zuschreibungspflicht
(Wertaufholungsgebot; § 253 Abs. 5). Die Wertobergrenze sind aber die fortgeführten Anschaffungskosten, d. h. die Anschaffungskosten vermindert um die
ursprüngliche planmäßige Abschreibung.

Die fortgeführten Anschaffungskosten Ende 20X3 ohne außerplanmäßige Abschreibung betragen 12.680 € (vgl. b)). Daraus ergibt sich eine Zuschreibung von
8.680 € Ende 20X3 (vgl. c)).

Tab. 39. Abschreibungsplan – Wertaufholung.

Jahr	Restbuchwert zu Beginn in €	Abschreibung in €	Restbuchwert am Ende in €
20X1	29.200	5.840	23.360
20X2	25.360	Planmäßig 6.340	6.000
		Außerplanmäßig 13.020	
20X3	6.000	Planmäßig 2.000	**12.680**
		Zuschreibung 8.680	
20X4	12.680	6.340	6.340
20X5	6.340	6.340	0

Der geplante Verkauf hat auf die Bilanzierung keinen weiteren Einfluss (abgesehen von der Wertaufholung in d)). Es gilt das Realisationsprinzip (§ 252 Abs. 1 Nr. 4), d. h. der Veräußerungserlös darf erst bilanziert werden, wenn der Verkauf durchgeführt worden ist, d. h. wenn die Forderung auf den Kaufpreis entstanden ist (hier typischerweise nach Übergabe des Fahrzeugs und der Fahrzeugpapiere).

4.2.10 Lösung Fallstudie 10: Bilanzanalyse/Kreditfinanzierung

Bearbeitungszeit: 20 Minuten

Stichwörter: Kennzahlenanalyse, Effektivzins, Disagio, Ratentilgung, Annuitätentilgung

Die Gartencenter GmbH legt folgende Geschäftszahlen vor:

Tab. 40. Kennzahlen Gartencenter GmbH (Lösung).

	Jahr 20X1	*Jahr 20X0*
Eigenkapitalquote (inkl. Jahresüberschuss)	22 %	24 %
Umsatzrendite	4 %	5 %
Bilanzsumme	19 Mio €	18 Mio €
Gesamtkapitalumschlag	2,4	2,1

a) *Berechnen Sie für beide Jahre jeweils das Fremdkapital und das Eigenkapital.*

$$\text{Eigenkapitalquote} = \frac{\text{Eigenkapital}}{\text{Bilanzsumme}} \quad (\text{in \%})$$

$$\rightarrow \text{Eigenkapital} = \text{Bilanzsumme} \times \text{Eigenkapitalquote}$$

$$\rightarrow \text{Fremdkapital} = \text{Bilanzsumme} - \text{Eigenkapital}$$

Tab. 41. Gartencenter GmbH – Ermittlung Eigen-/Fremdkapital.

	Jahr 20X1	Jahr 20X0
Eigenkapitalquote (inkl. Jahresüberschuss)	22 %	24 %
Bilanzsumme	19 Mio €	18 Mio €
Eigenkapital	4.180.000 €	4.320.000 €
Fremdkapital	14.820.000 €	13.680.000 €

b) *Wie hoch ist die Eigenkapitalrendite in 20X0 und 20X1?*
   Hier muss man in drei Schritten vorgehen:
   1. Ermittlung des Umsatzes aus Bilanzsumme und Kapitalumschlag

$$\text{Kapitalumschlag} = \frac{\text{Umsatz}}{\text{Bilanzsumme}}$$

$$\rightarrow \text{Umsatz} = \text{Bilanzsumme} \times \text{Kapitalumschlag}$$

   2. Ermittlung des Jahresüberschusses aus Umsatz und Umsatzrendite

$$\text{Umsatzrendite} = \frac{\text{Jahresüberschuss}}{\text{Umsatz}} \text{ (in \%)}$$

$$\rightarrow \text{Jahresüberschuss} = \text{Umsatz} \times \text{Umsatzrendite}$$

   3. Ermittlung der Eigenkapitalrendite aus Jahresüberschuss und Eigenkapital

$$\text{Eigenkapitalrendite} = \frac{\text{Jahresüberschuss}}{\text{Eigenkapital}} \text{ (in \%)}$$

Tab. 42. Kennzahlen Gartencenter GmbH mit Weiterrechnung.

	Jahr 20X1	*Jahr 20X0*
Eigenkapitalquote (inkl. Jahresüberschuss)	22 %	24 %
Umsatzrendite	4 %	5 %
Bilanzsumme	19 Mio €	18 Mio €
Gesamtkapitalumschlag	2,4	2,1
Eigenkapital (aus a))	4.180.000 €	4.320.000 €
Umsatz (s. 1.)	45.600.000 €	37.800.000 €
Jahresüberschuss (s. 2.)	1.824.000 €	1.890.000 €
Eigenkapitalrendite (s. 3.)	43,6 %	43,75 %

c) *Das Gartencenter möchte einen neuen Gabelstapler anschaffen. Die Bank bietet zwei Kreditvarianten an:*
   – *50.000 € für 5 % auf 5 Jahre fest, Auszahlung 100 %*
   – *50.000 € für 3,75 % auf 5 Jahre fest, Auszahlung 95 %*
   Welche Variante ist vorteilhafter? Verwenden Sie zunächst das Näherungsverfahren und dann die Kapitalwertmethode.
   Näherungsverfahren:
   Für die Vollauszahlungsvariante ergibt sich ein Effektivzins von 5 % (bei Vernachlässigung von weiteren Kosten).

Disagiovariante

$$i_{\text{eff}} = \left(i_{\text{nom}} + \frac{\text{Disagio in \%}}{n} \right) \frac{R}{A} = \left(3,75\,\% + \frac{5\,\%}{5} \right) \frac{100\,\%}{95\,\%} \approx 5\,\%$$

wobei

i_{eff} = Effektivzins

i_{nom} = Nominalzins

n = Kreditlaufzeit

R = Rückzahlungskurs in %

A = Auszahlungskurs in % (Disagio in % = $R - A$)

Anhand des Näherungsverfahrens kann keine Entscheidung über die Vorteilhaftigkeit getroffen werden.

Kapitalwertmethode (in €):

$$KW = +47.500 - \frac{1.875}{1,05^1} - \frac{1.875}{1,05^2} - \frac{1.875}{1,05^3} - \frac{1.875}{1,05^4} - \frac{51.875}{1,05^5} \approx 385$$

Da der Kapitalwert der ersten Variante bei 5 % Null ist, ist es ausreichend, den Kapitalwert der zweiten Variante mit 5 % zu berechnen. Sofern dann der Kapitalwert größer als Null ist, ist die zweite Alternative vorteilhafter: Dies ist hier der Fall – die Disagio-Variante ist finanziell vorteilhaft gegenüber der Vollauszahlungsvariante.

d) *Erstellen Sie für die erste Variante (100 %-Auszahlung) einen Zahlungsplan für Ratentilgung und Annuitätentilgung. RBF 4,329*
Ratenzahlung (in €):

Tab. 43. Zahlungsplan Ratentilgung.

Jahr	RBW Anfang	Zins	Tilgung	Annuität	RBW Ende
1	50.000	2.500	10.000	12.500	40.000
2	40.000	2.000	10.000	12.000	30.000
3	30.000	1.500	10.000	11.500	20.000
4	20.000	1.000	10.000	11.000	10.000
5	10.000	500	10.000	10.500	0

Annuitätentilgung (in €):
Zunächst ist die Annuität zu ermitteln:

$$K_0 = A \times RBF \rightarrow A = \frac{K_0}{RBF}$$

wobei

K_0 = Kreditbetrag (Barwert der Annuitäten)

A = Annuität

RBF = Rentenbarwertfaktor

Das ergibt:

$$A = \frac{K_0}{RBF} = \frac{50.000\,€}{4,329} = 11.550\,€$$

Tab. 44. Zahlungsplan Annuitätentilgung.

Jahr	RBW Anfang	Zins	Tilgung	Annuität	RBW Ende
1	50.000	2.500	9.050	11.550	40.950
2	40.950	2.048	9.502	11.550	31.448
3	31.448	1.572	9.978	11.550	21.470
4	21.470	1.074	10.476	11.550	10.994
5	10.994	550	10.994	11.544	0

Hinweis:

Ratentilgung bedeutet, dass die Tilgung in konstanten Raten erfolgt; dies bedeutet, dass die Annuität aufgrund der abnehmenden Zinszahlungen sinkt.

Annuitätentilgung bedeutet dagegen, dass die Annuität als Summe aus Zins- und Tilgungszahlung konstant ist; demzufolge werden die abnehmenden Zinszahlungen durch steigende Tilgungszahlungen kompensiert.

4.2.11 Lösung Fallstudie 11: Bilanzpolitik Viktoria AG

Bearbeitungszeit: 30 Minuten

Stichwörter: Herstellungskosten, Geschäfts- oder Firmenwert, Bewertung von Beteiligungen, selbsterstellte immaterielle Vermögensgegenstände des Anlagevermögens, Vorratsbewertung, Disagio, Rückstellungen

*Die Victoria AG ist ein mittelständisches Unternehmen, das sich mit der Weiterverarbeitung und dem Vertrieb von Rohstoffen beschäftigt. Da das Unternehmen im Jahr 20X1 hohe Umsatzeinbußen hinnehmen musste, aber auf Grund eines bevorstehenden Ratings keinen Verlust ausweisen möchte, sollen bestehende Bilanzierungswahlrechte im Sinne einer **progressiven Bilanzpolitik** so ausgeübt werden, dass ein **möglichst hoher Jahresüberschuss** ausgewiesen wird. Bitte erläutern Sie die **handelsrechtliche Behandlung** der nachfolgenden Sachverhalte in der Victoria AG. Begründen Sie Ihre Entscheidung mit relevanten Bilanzierungs- und Bewertungsvorschriften und nennen Sie auch die (gegebenenfalls) zu bildenden Bilanzposten.*

a) Auf Grund der schlechten Absatzlage haben sich die fertigen Erzeugnisse im Vergleich zur Vorperiode erheblich erhöht. Es sind folgende Daten bekannt:

*   – Fertigungsmaterial 20.000 €*
*   – Lagerkosten des Fertigungsmaterials 2.000 €*
*   – Akkordlöhne der Mitarbeiter des Fertigungsbereiches 40.000 €*
*   – Überstundenzuschläge der Mitarbeiter des Fertigungsbereiches 5.000 €*
*   – Abschreibungen auf Fertigungsanlagen 8.000 €*

- *Freiwillige Pensionsleistungen für die Mitarbeiter der Verwaltung 14.000 €*
- *Lagerkosten der Fertigprodukte 6.000 €*
- *Kosten für den Betriebskindergarten 10.000 €*
- *Kosten für Grundlagenforschung 12.000 €*
- *Leerkosten in der Fertigung auf Grund einer dauerhaften Unterauslastung 16.000 €*

Die Herstellungskosten sind in § 255 Abs. 2 und 3 definiert:

- Wertuntergrenze ergibt sich aus Materialeinzel- und -gemeinkosten, Fertigungseinzel- und -gemeinkosten sowie den anteiligen Abschreibungen.
- Wertobergrenze ist die zusätzliche Einbeziehung von freiwilligen sozialen Leistungen und anteiligen Verwaltungskosten.
- Nicht einbezogen werden dürfen Vertriebs- und Forschungsaufwendungen.

Fertigungsmaterial	20.000 €
Lagerkosten des Materials	2.000 €
Akkordlöhne der Mitarbeiter	40.000 €
Überstundenzuschläge	5.000 €
Abschreibungen	8.000 €
= minimale Herstellungskosten	75.000 €
freiwillige Pensionsleistungen	14.000 €
Kosten für Kindergarten	6.000 €
= maximale Herstellungskosten	95.000 €

Zum Ausweis eines möglichst hohen Gewinns sollten die Vorräte mit der Wertobergrenze angesetzt werden.

b) *Die Victoria AG hat im laufenden Jahr den Geschäftsbetrieb der Bastian GmbH für 250.000 € erworben und rechtlich sowie wirtschaftlich integriert. Das bilanzielle Nettovermögen betrug zum Erwerbszeitpunkt 100.000 €. Die Vorräte sind mit 20.000 € angesetzt, was 10.000 € unter dem derzeitigen Marktwert liegt. Ferner ist das Lagergebäude bereits voll abgeschrieben, obwohl der Zeitwert noch 80.000 € beträgt. Ergibt sich ein Geschäfts- oder Firmenwert?*

Ein Geschäfts- oder Firmenwert entsteht, wenn der Kaufpreis, der für einen Geschäftsbetrieb gezahlt wird, den Wert des übernommenen Nettovermögens übersteigt. Dabei ist aber nicht das bilanzielle Nettovermögen, sondern das Nettovermögen zu Zeitwerten zu Grunde zu legen:

Kaufpreis	250.000 €
− bilanzielles Nettovermögen	− 100.000 €
− stille Reserven Vorräte	−10.000 €
− stille Reserven Gebäude	−80.000 €
= Geschäfts- oder Firmenwert	**60.000 €**

Im Hinblick auf den Ausweis eines möglichst hohen Jahresüberschusses sollte dieser Geschäfts- oder Firmenwert über einen möglichst langen Zeitraum abgeschrieben werden.

c) *Die Victoria AG hält seit drei Jahren eine 30 %-ige Beteiligung an der Jonas AG, die mit den Anschaffungskosten zu 200.000 € bilanziert ist. Der Jahresüberschuss der Jonas AG betrug in dieser Zeit konstant 30.000 €, mit einer Erhöhung ist in absehbarer Zeit nicht zu rechnen. Der derzeit relevante Kapitalisierungszinssatz beträgt 6 %.*

Hier stellt sich die Frage nach der Werthaltigkeit der Beteiligung: Sofern eine dauerhafte Wertminderung vorläge, müsste auf den niedrigeren Wertansatz abgeschrieben werden (§ 253 Abs. 3).

Der rechnerische Wert der Beteiligung ergibt sich über die Berechnung des Barwerts einer ewigen Rente, da die zu erwartenden Überschüsse bei konstant 30.000 € liegen.

$$K_0 = \frac{A}{i} = \frac{30.000\,€}{6\,\%} = 500.000\,€$$

wobei

K_0 = Barwert der Annuität
A = Annuität
i = Kalkulationszinssatz

Der Wert der gesamten Jonas AG ist 500.000 €, der anteilige Wert der 30 %-Beteiligung ist somit 150.000 €. Es besteht daher die Pflicht zur Abschreibung in Höhe von 50.000 €, da eine voraussichtlich dauerhafte Wertminderung vorliegt.

d) *Im Jahr 20X1 wurde ein Patent für ein neuartiges Verfahren zur Edelholzveredelung entwickelt. Die dem Patent unmittelbar zurechenbaren Einzelkosten betragen 40.000 €, die anteiligen Gemeinkosten der Forschungs- und Entwicklungsabteilung 60.000 €.*

Für selbst erstellte immaterielle Vermögensgegenstände des Anlagevermögens besteht ein Aktivierungswahlrecht (§ 248 Abs. 2); dazu ist aber eine eindeutige Ermittlung der Herstellungskosten, in die nur die Entwicklungskosten, nicht aber die Forschungskosten einbezogen werden dürfen, erforderlich (§ 255 Abs. 2). Davon kann hier ausgegangen werden.

Demzufolge besteht das Wahlrecht, das Patent mit 100.000 € in der Bilanz zu aktivieren. Im Hinblick auf den angestrebten möglichst hohen Jahresüberschuss sollten diese Ansatz- und Bewertungswahlrechte ausgeübt werden.

In der Steuerbilanz besteht ein Aktivierungsverbot für selbsterstellte immaterielle Vermögensgegenstände des Anlagevermögens. Daher sind in der Handelsbilanz, wenn das Aktivierungswahlrecht ausgeübt wird, passive latente Steuern zu bilden. Dadurch wird die Erhöhung des Jahresüberschusses teilweise kompensiert.

e) *Der Rohölbestand hat sich im Jahr 20X1 wie folgt entwickelt:*

Tab. 45. Entwicklung Rohölbestand (Lösung).

	Rohöl in Barrel	€/Barrel	Gesamtwert
Anfangsbestand	*100.000*	*48 €*	
Zugang am 10. 05. 2014	*100.000*	*56 €*	
Zugang am 30. 07. 2014	*300.000*	*68 €*	
Zugang am 20. 09. 2014	*200.000*	*62 €*	
Summe der Abgänge	*400.000*		

i) *Ermitteln Sie nach der Lifo-Methode sowie dem periodischen Durchschnittsverfahren den Verbrauch des Rohöls in der GuV sowie die nach diesen Methoden in der Handelsbilanz anzusetzenden Werte. Welches Verfahren soll zur Realisierung der bilanzpolitischen Zielsetzung angewandt werden?*
Zunächst sind die Gesamtwerte von Anfangsbestand und Zugängen zu ermitteln:

Tab. 46. Entwicklung Rohölbestand – Gesamtwerte.

	Rohöl in Barrel	€/Barrel	Gesamtwert
Anfangsbestand	*100.000*	*48 €*	*4.800.000 €*
Zugang am 10. 05. 20X1	*100.000*	*56 €*	*5.600.000 €*
Zugang am 30. 07. 20X1	*300.000*	*68 €*	*20.400.000 €*
Zugang am 20. 09. 20X1	*200.000*	*62 €*	*12.400.000 €*
Summe der Abgänge	*400.000*		

Der zu bewertende Endbestand ergibt sich aus:

$$\text{Endbestand} = \text{Anfangsbestand} + \text{Zugänge} - \text{Abgänge}$$
$$= 100.000 + 600.000 - 400.000 = 300.000$$

Lifo = Last-in-first-out
Lifo ist ein Verbrauchsfolgeverfahren, das eine bestimmte Reihenfolge des Verbrauchs annimmt: Lifo geht davon aus, dass die zuletzt zugegangenen Mengen zuerst verbraucht werden; das bedeutet im Umkehrschluss, dass die noch nicht verbrauchten Mengen die ältesten noch vorhandenen sind.
Verbraucht wurden insgesamt 400.000, entsprechend Lifo:

aus dem letzten Zugang:	$200.000 \times 62\,€ = 12.400.000\,€$
aus dem vorletzten Zugang:	$200.000 \times 68\,€ = 13.600.000\,€$

Gesamtwert des Verbrauchs	26.000.000 €
Durchschnittlicher Preis pro Barrel	65 €

Bewertung des Endbestands von 300.000 entsprechend Lifo:

aus dem Anfangsbestand:	100.000 × 48 € = 4.800.000 €
aus dem ersten Zugang:	100.000 × 56 € = 5.600.000 €
aus dem zweiten Zugang:	100.000 × 68 € = 6.800.000 €
Gesamtwert des Endbestands	17.200.000 €
Durchschnittlicher Preis pro Barrel	57,33 €

Periodischer Durchschnitt

Hierbei wird ein Durchschnitt aus dem Anfangsbestand und allen Zugängen ermittelt. Dieser Durchschnittswert wird der Bewertung aller Abgänge und des Endbestands zu Grunde gelegt.

$$\text{Period. Durchschnitt} = \frac{\text{Wert Anfangsbestand} + \text{Zugänge}}{\text{Menge Anfangsbestand} + \text{Zugänge}}$$
$$= \frac{43.200.000\,€}{700.000\,\text{barrel}} = 61,71\,€/\text{barrel}$$

Das ergibt für den Verbrauch: 400.000 × 61,71 = 24.684.000 €.
Das ergibt für den Endbestand 300.000 × 61,71 = 18.513.000 €.
Im Hinblick auf einen möglichst hohen Gewinnausweis sollte damit der periodische Durchschnitt als Verfahren gewählt werden.

ii) *Geben Sie an, welcher Wert von den unter i) errechneten Beträgen als Wertansatz in der Handelsbilanz zulässig ist, wenn der Wiederbeschaffungspreis am Abschlussstichtag auf*
   – *66,30 € gestiegen,*
   – *60 € gesunken ist.*

Im Umlaufvermögen gilt das strenge Niederstwertprinzip, d. h. auch nur temporäre Wertminderungen müssen berücksichtigt werden. Bei einem Marktpreis von 66,30 € ergeben sich daher keine Veränderungen, da beide Zugangsbewertungen darunter liegen. Bei einem Marktpreis von 60 € muss bei der Anwendung des Durchschnittsverfahrens eine Abschreibung in Höhe von 513.000 € (= 1,71 € × 300.000 Barrel) auf 18.000.000 € vorgenommen werden.

f) *Die Victoria AG hat einen Maschinenpark, für den sie im letzten Jahr wegen der schlechten Liquiditätslage keine Instandhaltungsmaßnahmen durchgeführt hat. Es ist noch nicht absehbar, wann die Instandhaltung im nächsten Jahr nachgeholt werden kann. Kostenvoranschläge zwischen 60.000 € und 100.000 € liegen vor.*

Für Rückstellungen für unterlassene Instandhaltung besteht eine Rückstellungspflicht, sofern sie innerhalb von 3 Monaten nachgeholt werden (§ 249 Abs. 1 Satz 2).

Da es hier noch keine klare Vorstellung gibt, wann die Instandhaltung nachgeholt werden soll, können die Maßnahmen auch so gestaltet werden, dass keine Rückstellungspflicht entsteht und somit kein Instandhaltungsaufwand in 20X1 bereits gezeigt werden muss, z. B. durch Planung der Maßnahmen im Mai (faktisches Ansatzwahlrecht).

g) *Am 01. 01. 20X1 wurde ein langfristiges Darlehen in Höhe von 500.000 € aufgenommen. Auszahlungsbetrag 95 %, Laufzeit 10 Jahre, Nominalzinssatz 8 %.*

Der Auszahlungsbetrag liegt mit 95 % unter dem Rückzahlungsbetrag; dies ist ein Disagio.

Für ein Disagio gibt es ein Bilanzierungswahlrecht (§ 250):

- volle Vereinnahmung als Aufwand in der ersten Periode oder
- Abgrenzung als aktiver Rechnungsabgrenzungsposten und Vereinnahmung entsprechend der Laufzeit des Kredits.

Im Hinblick auf einen möglichst hohen Gewinnausweis sollte das Disagio abgegrenzt werden.

4.2.12 Fallstudie 12: Bilanzpolitik Krimskrams AG

Bearbeitungszeit: 20 Minuten

Stichwörter: Rückstellungen, Bewertung von Finanzanlagen, Anschaffungskosten und Kursverluste, Abschreibungen, Rechnungsabgrenzungsposten

---

Die Krimskrams AG ist ein Unternehmen, das sich mit der Produktion und der Vermarktung von Geschenkartikeln beschäftigt. Der Oberbuchhalter K. Orrekt ist im März 20X2 dabei, den Jahresabschluss zum 31. Dezember 20X1 zu erstellen.

Bitte erläutern Sie die handelsrechtliche Bilanzierung der nachfolgenden Sachverhalte in der Krimskrams AG. Begründen Sie Ihre Entscheidung mit relevanten Ansatz- und Bewertungsvorschriften, nennen Sie auch die (gegebenenfalls) zu bildenden Bilanzposten und zeigen Sie auf, in welchen Fällen Bilanzierungspflicht, -wahlrechte und/oder Ermessensspielräume bestehen. Wahlrechte und Ermessensspielräume sollen so ausgeübt werden, dass **der Jahresüberschuss möglichst niedrig** *ausgewiesen wird.*

a) *Herr K. Orrekt hat im Dezember 20X1 eine undichte Stelle auf dem Dach der Produktionshalle entdeckt, die er sofort dem Vorstand gemeldet hat. Der günstigste Kostenvoranschlag für die Reparatur beträgt 11.900 € (incl. MwSt.), der teuerste 23.800 € (incl. MwSt.). Der Vorstand entschied, dass die Reparatur erst im Folgejahr ausgeführt werden soll, ein Termin hierfür steht noch nicht fest.*

Für unterlassene Instandhaltung, die innerhalb von 3 Monaten nachgeholt wird, besteht eine Rückstellungspflicht (§ 249 Abs. 1). Allerdings besteht hier ein faktisches Wahlrecht, wenn der Ausführungszeitpunkt entsprechend der bilanziellen Wirkung gewählt wird.

Im Hinblick auf den Ausweis eines möglichst geringen Jahresüberschusses sollte die Rückstellung in jedem Fall und auf Basis des höheren Angebots gebildet werden. Zurückgestellt werden können immer nur Nettobeträge, d. h. Rückstellungsbildung in Höhe von 20.000 €.

b) *Auf Grund der sehr guten Finanz- und Ertragslage hat der Buchhalter K. Orrekt im Jahr 20X1 500 Aktien des Zulieferers Giga AG für insgesamt 20.000 € zur langfristigen Anlage erworben und als Finanzanlage aktiviert. Am Abschlussstichtag beträgt der Börsenkurs der Giga AG 30 €. Analysten beurteilen die weitere Entwicklung des Börsenkurses der Giga AG positiv.*

Die Anschaffungskosten pro Aktie liegen nach den obigen Daten bei 40 € pro Aktie. Der Börsenkurs am Abschlussstichtag liegt mit 30 € pro Aktie deutlich darunter, allerdings sind die Analysten für die weitere Entwicklung positiv gestimmt, sodass von einer voraussichtlich temporären Wertminderung auszugehen ist.

Für Finanzanlagen besteht ein Bilanzierungswahlrecht: temporäre Wertminderungen können, aber müssen nicht abgeschrieben werden (§ 253 Abs. 3 Satz 4).

Im Hinblick auf den Ausweis eines möglichst geringen Jahresüberschusses sollten die Aktien mit dem niedrigeren Marktwert bewertet und 5.000 € abgeschrieben werden.

c) *Die Beschaffungsabteilung erhielt von einem US-amerikanischen Handelspartner am 01. 12. 20X1 Waren im Wert von 10.000 US$. Oberbuchhalter K. Orrekt hat die Waren noch am gleichen Tag zum vorliegenden Umrechnungskurs 1 US$ = 0,6 € aktiviert. Das Zahlungsziel von 6 Wochen soll nach Anweisung des Vorstandes ausgeschöpft werden. Am Abschlussstichtag beträgt der Dollarkurs 1 US$ = 0,8 €.*

Der Wertansatz der Waren bleibt unverändert. Nachträgliche Kursschwankungen sind nicht Bestandteil der Anschaffungskosten.

Die noch bestehende Verbindlichkeit ist aber entsprechend dem Imparitätsprinzip aufzuwerten: Zuschreibung der Kursdifferenz von 2.000 € zur Verbindlichkeit; dies entspricht in der Gewinn- und Verlustrechnung einem Kursverlust.

Es besteht kein Ermessensspielraum.

d) *Zu Beginn des Jahres 20X1 wurde eine Produktionsanlage zum Preis von 48.000 € erworben und unter dem Bilanzposten „Maschinen" aktiviert. Für dieses Jahr wurden noch keine Abschreibungen vorgenommen, da noch keine Erfahrungswerte über die Nutzungsdauer der Anlage vorliegen. Der Produktionsleiter schätzt diese auf 10 bis 15 Jahre, wobei er von einer gleichmäßigen Inanspruchnahme ausgeht.*

Da es sich um einen Vermögensgegenstand mit begrenzter Nutzungsdauer handelt, müssen die Anschaffungskosten über die voraussichtliche Nutzungsdauer abgeschrieben werden (§ 253 Abs. 3).

Ermessensspielraum besteht allerdings bei der Schätzung der Nutzungsdauer, insbesondere wenn noch keine Erfahrungswerte vorliegen.

Bei linearer Abschreibungsmethode liegt damit der Wert zwischen 4.800 € und 3.200 €.

Im Hinblick auf den Ausweis eines möglichst geringen Jahresüberschusses sollte die Maschine möglichst schnell, d. h. über eine kurze Nutzungsdauer mit einem Jahresbetrag von 4.800 € abgeschrieben werden.

e) *Nach Angaben des Herstellers ist nach vier Jahren eine Generalüberholung der Anlage erforderlich. Die Kosten dieser Maßnahme werden sich im Jahr 20X4 voraussichtlich auf 20.000 € belaufen.*

Es darf keine Rückstellung gebildet werden. Die möglichen Rückstellungsgründe sind abschließend in § 249 aufgezählt.

Der Wertansatz des Anlagevermögens bleibt zum Abschlussstichtag ebenfalls unverändert.

Ob nach durchgeführter Generalüberholung nachträgliche aktivierungsfähige Herstellungskosten (aufgrund Erweiterung oder wesentlicher Verbesserung) oder nur Erhaltungsaufwand vorliegt, ist ggf. in 20X4 zu prüfen und würde auch erst dann für die Bilanzierung relevant.

f) *Die Krimskrams AG hat sich mit Kaufvertrag vom 12. 10. 20X1 zur Herstellung und Lieferung einer Lichtorgel an die Light and Sound GmbH verpflichtet (Lieferdatum 30. 03. 20X2, Festpreis 60.000 €). Mit der Produktion soll im Januar 20X2 begonnen werden. Oberbuchhalter K. Orrekt war zum Zeitpunkt der Angebotserstellung im Urlaub und muss nun entsetzt feststellen, dass der Auszubildende vergessen hat, die Löhne für die Produktionsmitarbeiter in der Kalkulation zu berücksichtigen. Bereits die Material- und Fertigungseinzelkosten für diesen Auftrag werden voraussichtlich 70.000 € betragen. Zusätzlich können der Lichtorgel 3.000 € Material- und 2.000 € Fertigungsgemeinkosten zugerechnet werden.*

Es liegt ein schwebendes Geschäft vor: Die Krimskrams AG hat die Lichtorgel noch nicht geliefert, die Light and Sound GmbH hat noch nicht bezahlt. Allerdings wird aus dem Geschäft ein Verlust erwartet:

Kaufpreis	60.000 €
– Einzelkosten	–70.000 €
– Gemeinkosten	–5.000 €
– Drohender Verlust	**–15.000 €**

Für drohende Verluste aus schwebenden Geschäften besteht eine Rückstellungspflicht (§ 249 Abs. 1). Ermessensspielräume gibt es nur bei der Abgrenzung der Herstellungskosten, was hier aber nicht der Fall ist, da Einzel- und Gemeinkosten für Fertigung und Material die Wertuntergrenze darstellen und einbezogen werden müssen.

g) *Für ein neues Lagergebäude fällt ab dem 1. 12. 20X1 eine Monatsmiete in Höhe von 5.000 € an. Auf Grund von geringfügigen Mängeln, die der Vermieter nach Ansicht der Krimskrams AG zu beseitigen hat, wurden bisher noch keine Mietzahlungen geleistet. Im Vertrag ist vereinbart, dass die Mietzahlungen – beginnend am 1. 12. 20X1 – jeweils für drei Monate im Voraus zu zahlen sind.*

Mängel an einer Mietsache berechtigen nur in geringem und inhaltlich eng abgegrenzten Umfang zur Minderung der Mietzahlung. Dies ist hier bei geringfügigen Mängeln nicht gegeben.

Nach dem Grundsatz der Vollständigkeit ist daher die volle Verbindlichkeit (3 Monate zu je 5.000 €, also insgesamt 15.000 €) einzubuchen. Da von dem durch die Verbindlichkeit bezahlten Zeitraum 2 Monate in das neue Jahr fallen, dürfen nur 5.000 € in 20X1 als Aufwand erfasst werden, während 10.000 € als aktiver Rechnungsabgrenzungsposten verbucht werden müssen (§ 250 Abs. 1).

4.2.13 Fallstudie 13: Statische und dynamische Investitionsrechnung

Bearbeitungszeit: 25 Minuten

Stichwörter: Kostenvergleich, Gewinnvergleich, dynamische Methoden der Investitionsrechnung, Kapitalwertmethode

Die Krimskrams AG plant für das Jahr 20X1 eine Erweiterungsinvestition im Fertigungsbereich. Der Planungszeitraum beträgt t = 5 Jahre. Zwei alternative Maschinen A und B stehen zur Auswahl, für die der Buchhalter K. Orrekt folgende Daten zusammengetragen hat:

Tab. 47. Investitionsalternativen Krimskrams AG (Lösung).

	A	B
Anschaffungspreis (€)	430.000	340.000
Errichtungsaufwand (€)	10.000	20.000
Liquidationserlös (€)	0	40.000
Nutzungsdauer (Jahre)	8	10
Kapazität (Stück/Jahr)	80.000	60.000
Löhne (€/Jahr)	80.000	60.000
Gehälter (€/Jahr)	20.000	15.000
Material (€/Jahr)	42.000	28.000

Auf beiden Maschinen kann das gleiche Produkt hergestellt werden, welches zu einem Verkaufspreis in Höhe von 3,30 € veräußert werden soll. Der Kalkulationszinssatz beträgt 8 %. Es wird die lineare Abschreibungsmethode gewählt.

a) *Welche Investitionsalternative wählen Sie, wenn Sie die Entscheidung mit Hilfe der Kostenvergleichsrechnung treffen. Begründen Sie, ob Sie das Verfahren für dieses Entscheidungsproblem als sinnvoll erachten.*

Zunächst sind die Abschreibungen und die kalkulatorischen Zinsen zu berechnen:

$$\text{Abschreibung} = \frac{AK - LE}{ND}$$

$$\text{Kalk. Zinsen} = \frac{AK + \text{Abschreibung} + LE}{2} \times \text{Zinssatz}$$

wobei

AK = Anschaffungskosten
LE = Liquidationserlös (Restwert)
ND = Nutzungsdauer

Tab. 48. Investitionsprojekte Krimskrams AG – Kostenvergleich.

	A	B
Anschaffungspreis (€)	430.000	340.000
Errichtungsaufwand (€)	10.000	20.000
Liquidationserlös (€)	0	40.000
Nutzungsdauer (Jahre)	8	10
Kapazität (Stück/Jahr)	80.000	60.000
Löhne (€/Jahr)	80.000	60.000
Gehälter (€/Jahr)	20.000	15.000
Material (€/Jahr)	42.000	28.000
Abschreibung (s. o., €/Jahr)	55.000	32.000
Zinsen (€/Jahr)	17.600	16.000
Gesamtkosten (€/Jahr)	214.600	151.000
Stückkosten (€/Stück)	2,68	2,52

Nach den Gesamtkosten wäre Alternative B günstiger, allerdings sollten die Stückkosten als Kriterium gewählt werden, da die Kapazität der Maschinen unterschiedlich ist. Auch in diesem Fall ist B günstiger.

Die Aussagekraft der Kostenvergleichsmethode ist aber sehr eingeschränkt, da sie die Ertragsseite vollständig vernachlässigt.

b) *Entscheiden Sie nun über die Vorteilhaftigkeit der beiden Investitionsalternativen anhand der Gewinnvergleichsrechnung. Welche Probleme sehen Sie bei der Anwendung dieses Verfahrens?*

$$\text{Gewinn A} = 80.000 \text{ Stück} \times 3,30 \text{ €/St.} - 214.600 \text{ €} = 49.400 \text{ €}$$

$$\text{Gewinn B} = 60.000 \text{ Stück} \times 3,30 \text{ €/St.} - 151.000 \text{ €} = 47.000 \text{ €}$$

Problematisch sind hier zwei Punkte:

– Die Laufzeit von B ist um 2 Jahre länger als die von A; das wird vernachlässigt. Hier wären weitere Annahmen zu treffen, was bei der Wahl von A nach dem 8. Jahr passiert.

– Der Kapitaleinsatz von B ist deutlich niedriger, außerdem wird ein Restwert erwartet; das wird vernachlässigt. Hierzu wäre die Rentabilitätsmethode anzuwenden.

c) *Nach seiner BWL-Vorlesung stellt Herr K. Orrekt fest, dass er doch lieber die dynamischen Verfahren der Investitionsrechnung verwenden möchte. Welche Vorteile weisen die dynamischen gegenüber den statischen Verfahren der Investitionsrechnung auf?*

Die dynamischen Verfahren versuchen die Kritikpunkte der statischen Verfahren zu beheben, insbesondere

– werden explizit mehrere Perioden und ggf. unterschiedliche Investitionslaufzeiten berücksichtigt.

– wird auf Ein- und Auszahlungen abgestellt, d. h. eine Periodisierung von Aufwendungen/Durchschnittsbildung ist nicht erforderlich.

– werden die unterschiedlichen Zahlungszeitpunkte durch einen (in der Regel einheitlichen) Kalkulationszinssatz vergleichbar gemacht.

d) *Für welche Investition entscheiden Sie sich, wenn Sie die Beurteilung anhand der Kapitalwertmethode vornehmen? Gehen Sie davon aus, dass der Kalkulationszinssatz konstant bei 8 % liegt, die Aufwendungen für Löhne, Gehälter und Material auch im den jeweiligen Perioden auszahlungswirksam werden und sämtliche produzierten Güter auch einzahlungswirksam abgesetzt werden können. Erläutern Sie hierfür auch die ökonomische Bedeutung des Kapitalwerts.*

Als Zahlungszufluss ergibt sich für Alternative A:

Gewinn	49.400 €
+ Abschreibungen	55.000 €
+ Zinsen	17.600 €
= jährlicher Zufluss	**122.000 €**

Kapitalwert für Alternative A (in T€):

$$K_0 = -440 + \frac{122}{1,08^1} + \frac{122}{1,08^2} + \frac{122}{1,08^3} + \frac{122}{1,08^4} + \frac{122}{1,08^5} + \frac{122}{1,08^6} + \frac{122}{1,08^7} + \frac{122}{1,08^8} = 261$$

oder kürzer mit Rentenbarwertfaktor:

$$K_0 = -440 + 122 \frac{1,08^8 - 1}{0,08 \times 1,08^8} = 261$$

Als Zahlungszufluss ergibt sich für Alternative B:

Gewinn	47.000 €
+ Abschreibungen	32.000 €
+ Zinsen	16.000 €
= jährlicher Zufluss	**95.000 €**

Kapitalwert für Alternative B (in T€):

$$K_0 = -360 + \frac{95}{1,08^1} + \frac{95}{1,08^2} + \frac{95}{1,08^3} + \frac{95}{1,08^4} + \frac{95}{1,08^5}$$
$$+ \frac{95}{1,08^6} + \frac{95}{1,08^7} + \frac{95}{1,08^8} + \frac{95}{1,08^9} + \frac{135}{1,08^{10}} = 296$$

oder kürzer mit Rentenbarwertfaktor:

$$K_0 = -360 + 95 \frac{1,08^9 - 1}{0,08 \times 1,08^9} + \frac{135}{1,08^{10}} = 296$$

Der Kapitalwert gibt an, wieviel Vermögen über den Kalkulationszinssatz hinaus schon in t_0 zur Verfügung steht, d. h. der Kapitalwert kann in t_0 entnommen werden und wird dann bis zum Ende der Investitionslaufzeit über den Kalkulationszinssatz hinaus verdient (= Vermögensmehrung zum Zeitpunkt des Investitionsbeginns).

Der Kapitalwert von Alternative B ist höher als der Kapitalwert von Alternative A, somit wäre aus Rentabilitätsgesichtspunkten Alternative B zu wählen.

4.2.14 Fallstudie 14: Finanzierung

Bearbeitungszeit: 20 Minuten

Stichwörter: Finanzierungsformen, Leverage-Effekt, Mezzanine-/Hybrid-Kapital

---

Nach den durchaus ermutigenden Ergebnissen der Wirtschaftlichkeitsrechnung will der Vorstand unbedingt die neue Fertigungsanlage anschaffen. Er bittet nun um Vorschläge, wie diese Erweiterungsinvestition finanziert werden kann.

a) *Herr K. Orrekt, der Oberbuchhalter des Unternehmens, ist ein begeisterter Anhänger der Innenfinanzierung. Erläutern Sie bitte die unterschiedlichen Formen der* **Innenfinanzierung** *und zeigen Sie mögliche Vor- und Nachteile im Vergleich zur Außenfinanzierung auf.*

Zur Innenfinanzierung gehören:
- offene Selbstfinanzierung (Thesaurierung von Gewinnen),
- stille Selbstfinanzierung (Bildung stiller Reserven),
- Finanzierung aus Abschreibungen,

- Finanzierung aus Rückstellungen,
- sonstige Vermögensfreisetzungen/ Reduzierung von Kapitalbedarf.

Vorteile:

- keine Veränderung der Eigentumsverhältnisse.
- keine laufenden Kosten.
- offene Selbstfinanzierung stärkt die Haftungsmasse und damit die Kreditwürdigkeit, d. h. Verbesserung der Fremdfinanzierungsbedingungen.
- Steuerstundungseffekt bei Finanzierung aus Abschreibungen und Rückstellungen kann zu Zinsgewinnen führen.

Nachteile:

- Nur möglich bei entsprechendem Gewinn des Unternehmens.
- Umfang (auch bei Gewinnsituation) in der Regel begrenzt auf Abschreibungs-, Rückstellungs-, Thesaurierungsvolumen.
- stille Selbstfinanzierung kann zu einer verzerrten Darstellung der Unternehmenssituation und in der Konsequenz zu falschen Entscheidungen führen.

b) *Der Vorstand lehnt die Vorschläge von Herrn K. Orrekt entschieden ab und begründet dies unter anderem mit dem Leverage-Effekt. Auf welchen Teilbereich der Innenfinanzierung bezieht sich diese Ablehnung, und welche Argumente wird der Vorstand anführen?*

Offene Selbstfinanzierung erhöht das Eigenkapital und unter sonst gleichen Bedingungen die Eigenkapitalquote. Der Leverage-Effekt stellt einen Zusammenhang zwischen Eigenkapitalrendite und Verschuldungsgrad her: Liegt die Gesamtkapitalrendite über dem Fremdkapitalzinssatz, so führt eine Erhöhung des Verschuldungsgrads zu einer Erhöhung der Eigenkapitalrendite.

c) *Berechnen Sie die Rentabilität des Eigenkapitals der Krimskrams AG vor Durchführung der Investition, wenn die Gesamtkapitalrentabilität 12 %, die Eigenkapitalquote 30 % und der Fremdkapitalzinssatz 6 % betragen.*

$$R_{EK} = R_{GK} + \frac{FK}{EK}\,(R_{GK} - i) = 12\,\% + \frac{70}{30}\,(12\,\% - 6\,\%) = 26\,\%$$

wobei

R_{EK} = Eigenkapitalrendite in %
R_{GK} = Gesamtkapitalrendite in %
FK = (absoluter Wert des) Fremdkapital
EK = (absoluter Wert des) Eigenkapital
i = (durchschnittlicher) Fremdkapitalzinssatz in %

d) *Wie verändert sich die Eigenkapitalrentabilität, wenn die Investition in die Fertigungsanlage ausschließlich durch Eigenkapital finanziert wird, die Gesamtkapitalrentabilität bei 12 % bleibt, die Eigenkapitalquote jedoch auf 50 % ansteigt?*

$$R_{EK} = R_{GK} + \frac{FK}{EK}\,(R_{GK} - i) = 12\,\% + \frac{50}{50}\,(12\,\% - 6\,\%) = 18\,\%$$

Abkürzungen wie oben

e) *Aufgrund der unterschiedlichen Meinung des Vorstands und des Oberbuchhalters über die Vor- und Nachteile einer Eigenkapitalfinanzierung soll nun ein Kompromiss gefunden werden. Erläutern Sie hierfür kurz den Begriff „Mezzanine-Kapital" und skizzieren Sie typische Merkmale einer Mezzanine-Finanzierung.*

Mezzanine-Kapital, auch Hybrid-Kapital, stellt eine Mischform zwischen klassischer Eigen- und Fremdfinanzierung dar. Je nach Ausgestaltung der Verträge können dabei die Elemente des Eigenkapitals oder die Elemente des Fremdkapitals überwiegen.

Typische Elemente sind:

– **Nachrangigkeit**: Das Mezzanine-Kapital haftet in der Regel nach den regulären Gläubigern, aber vor den Gesellschaftern.
– **Höhe der Vergütung**: liegt aufgrund des höheren Risikos über dem Zinssatz für „normales" Fremdkapital; häufig wird das Mezzanine-Kapital erfolgsabhängig vergütet.
– **Verlustbeteiligung**: häufig wird eine Verlustbeteiligung vereinbart.
– **Einfluss/Mitspracherechte**: in der Regel hat der Mezzanine-Kapitalgeber keinen formellen Einfluss; auf jeden Fall keine Stimmrechte in der Haupt-/Gesellschafterversammlung; je nach Ausgestaltung werden aber durchaus zusätzliche Informations- oder Kontrollrechte eingeräumt.
– **Langfristigkeit**: Das Mezzanine-Kapital ist in der Regel befristet, wird aber langfristig (5–10 Jahre) zur Verfügung gestellt.

Hinweis:

Typische Instrumente sind:

– nachrangige Darlehen/partiarische Darlehen
– stille Beteiligungen
– Genussscheine/-rechte

4.2.15 Fallstudie 15: Kapitalerhöhung Bastian AG

Bearbeitungszeit: 15 Minuten

Stichwörter: (Ordentliche) Kapitalerhöhung, Bezugsrecht, Operation Blanche, Eigen- und Fremdkapital

Zur Durchführung von Investitionen plant die Bastian AG eine ordentliche Kapitalerhöhung, um den hierfür notwendigen Kapitalbedarf in Höhe von 3 M€ zu decken. Die erforderliche Dreiviertel-Mehrheit der Hauptversammlung liegt bereits vor. Folgende Daten sind vor der Kapitalerhöhung bekannt:

Grundkapital:	*6 M€*
Nominalwert der Aktie:	*1 €*
Aktienkurs der Aktie:	*20,50 €*
Ausgabekurs pro Aktie:	*10,– €*

a) *Berechnen Sie den voraussichtlichen Aktienkurs nach der Kapitalerhöhung (Mischkurs) und den rechnerischen Wert des Bezugsrechts.*

Um den Kapitalbedarf von 3 M€ zu decken, sind bei einem Ausgabekurs von 10 €/Aktie 300.000 Aktien notwendig; bei dem gegebenem Nominalwert ergibt das 300.000 € Grundkapital.

$$K_{BR} = \frac{K_{alt} - K_{Ausgabe}}{\frac{a}{n} + 1} = \frac{20,50\,€ - 10\,€}{\frac{6\,M€}{300\,T€} + 1} = \frac{10,50\,€}{21} = 0,50\,€/\text{Stück}$$

wobei

K_{BR} = (rechnerischer) Preis des Bezugsrechts

K_{alt} = Kurs der Aktie vor Kapitalerhöhung

$K_{Ausgabe}$ = Ausgabekurs der neuen Aktien

a = Anzahl alter Aktien bzw. Grundkapital vor Kapitalerhöhung

n = Anzahl neuer Aktien bzw. Erhöhung des Grundkapitals

Der Kurs nach der Kapitalerhöhung ergibt sich aus dem Kurs vor Kapitalerhöhung abzüglich des Werts des Bezugsrechts:

$$K_{neu} = K_{alt} - K_{BR} = 20,50\,€ - 0,50\,€ = 20,00\,€$$

b) *Zeigen Sie auf, ob und in welcher Höhe die Kapitalerhöhung Auswirkungen auf das Vermögen eines Aktionärs hat, der 10.000 Aktien besitzt und seinen Stimmrechtsanteil nicht verändern möchte.*

Bei einem Bestand von 10.000 Aktien hat der Aktionär das Recht entsprechend dem Bezugsverhältnis von 20:1 500 neue Aktien zu erwerben. Um seinen Stimmrechtsanteil konstant zu halten, muss er das auch tun:

Tab. 49. Vergleich Stimmrechtsanteile bei Kapitalerhöhung.

	vor Kapitalerhöhung	nach Kapitalerhöhung
Anzahl Aktien	6.000.000	6.300.000
Aktien Aktionär	10.000	10.500
Anteil	0,17 %	0,17 %

Wertvergleich der Aktienbestände

Der Wertverlust wird durch den Bezug der neuen Aktien ausgeglichen, allerdings muss der Bezugspreis der neuen Aktien in Höhe von 5.000 € (500×10 €) investiert werden.

Tab. 50. Vermögensvergleich bei Kapitalerhöhung.

	vor Kapitalerhöhung	nach Kapitalerhöhung
Anzahl Aktien	10.000	10.500
Kurs	20,50	20,00
Wert Aktien	205.000,00	210.000,00
Zahlung neue Aktien	0,00	−5.000,00
Wert Portfolio	205.000,00	205.000,00

Zusammengefasst: Stimmrechtsanteil und Wert bleiben unverändert, allerdings muss der Aktionär in der Lage sein, zusätzliche 5.000 € zu investieren.

c) *Was versteht man unter einer „Operation Blanche"?*

Möchte man als Altinvestor zwar möglichst viele neue Aktien beziehen, hat aber kein zusätzliches Geld, um den Bezugskurs zu bezahlen, kommt dafür eine Operation Blanche in Frage:

Bei der Operation Blanche wird ein Teil der Bezugsrechte verkauft und zwar genau soviel, dass zum einen genügend Bezugsrechte zum Bezug verbleiben und mit dem Verkaufserlös der übrigen Bezugsrechte die Bezugspreise der zu beziehenden neuen Aktien bezahlt werden können. Dadurch wird zwar kein neues Kapital für die Transaktion benötigt, aber der vor der Kapitalerhöhung bestehende Stimmrechtsanteil verringert sich.

d) *Stellen Sie vier grundlegende Unterschiede zwischen Eigen- und Fremdkapitalfinanzierung anhand geeigneter Kriterien dar.*

Tab. 51. Vergleich von Eigen- und Fremdkapital.

	Eigenkapital	Fremdkapital
Rechtsstellung des Investors	Eigentümer	Gläubiger
Einfluss	Je nach Rechtsform – Stimmrecht in Gesellschafter-/Hauptversammlung; ggf. Geschäftsführungsbefugnis (z. B. OHG)	Nur aufgrund des zugrunde liegenden Schuldverhältnisses – kein formeller Einfluss auf das Unternehmen
Dauerhaftigkeit	Unbefristet	Befristet
Entgelt	Kein fixes Entgelt, Gewinnausschüttungen	Meist regelmäßige Zinszahlungen
Haftung	Haftet für andere Verbindlichkeiten	Haftet nicht für andere Verbindlichkeiten (außer bei Nachrangabrede)
Besteuerung	Eigenkapitalverzinsung unterliegt der Ertragsbesteuerung (Ausschüttungen erfolgen aus dem versteuerten Jahresüberschuss)	Fremdkapitalzinsen sind in der Regel steuerlich abzugsfähig (Ausnahme Zinsschranke)

5 Vollständige Klausuren

5.1 Klausuraufgaben

5.1.1 Klausur 1

Aufgabe 1
Eine, mehrere oder alle Aussagen sind richtig. Kreuzen Sie jeweils die **richtige(n)** Aussage(n) an!

1. **Jahresabschluss einer AG**
    (a) Der geprüfte Jahresabschluss liegt vor dem festgestellten vor.
    (b) Sind die Abschlussbuchungen gemacht, kann der vorläufige Jahresabschluss aufgestellt werden.
    (c) Der geprüfte Jahresabschluss liegt nach dem festgestellten vor.
    (d) Der aufgestellte Jahresabschluss wird vor dem festgestellten erstellt.
    (e) Der Jahresabschluss muss vor einer externen Prüfung offen gelegt werden.

2. **Aktiva**
    (a) Die Aktivseite der Bilanz zeigt die Mittelherkunft.
    (b) Je nachdem, ob Gegenstände zum Anlage- oder zum Umlaufvermögen gehören, gelten unterschiedliche handelsrechtliche Bewertungsvorschriften.
    (c) Gleichartige Vermögensgegenstände dürfen immer zu einer Gruppe zusammengefasst und müssen mit einem Durchschnittswert angesetzt werden.
    (d) Das Anlagevermögen wird in Sachanlagen, Finanzanlagen und Vorräte unterteilt.
    (e) Messeaufwendungen stehen in jedem Fall in der Bilanz.

3. **Bewertungsvereinfachung bei Forderungen:**
    (a) Risiken bei Forderungen können auch pauschal bewertet werden. Das Instrumentarium muss nachvollziehbar sein, in der Regel sind das Erfahrungssätze.
    (b) Jedes Risiko bei einer Forderung kann entweder einzeln (Einzelwertberichtigung EWB) oder pauschal (Pauschalwertberichtigung PWB) berücksichtigt werden.
    (c) Jedes Risiko bei einer Forderung kann kumulativ einzeln (Einzelwertberichtigung EWB) und auch pauschal (Pauschalwertberichtigung PWB) berücksichtigt werden.
    (d) Basis der pauschalen Wertberichtigung ist der Bruttoforderungsbestand.
    (e) Basis der pauschalen Wertberichtigung ist ein Nettoforderungsbestand (ohne Umsatzsteuer, Forderungsbestand ohne EWB).

4. **Beteiligungsfinanzierung nicht emissionsfähiger Gesellschaften**
    (a) Das Risiko einer Anlage in nicht emissionsfähigen Gesellschaften ist gut kalkulierbar.

(b) Anteile an nicht emissionsfähigen Gesellschaften sind nur bedingt fungibel, zumal es keinen organisierten Markt gibt.

(c) Anteile an nicht emissionsfähigen Gesellschaften können allenfalls über den schwarzen Markt veräußert werden.

(d) Anteile an nicht emissionsfähigen Gesellschaften können über den nicht staatlich kontrollierten Teil des Kapitalmarkts (=grauer Markt) veräußert werden.

(e) Ein Gesellschafter kann nicht gleichzeitig Darlehensgeber sein.

5. **Rücklagen:**

(a) Rücklagen sind ungewisse Verbindlichkeiten.

(b) Rücklagen und Rückstellungen sind dasselbe nur aus anderer Sichtweise (zwei Seiten einer Medaille).

(c) Rücklagen sind Bestandteil des Eigenkapitals.

(d) Kapitalrücklagen sind stille Rücklagen, da sie nicht erwirtschaftet werden.

(e) Die Gewinnrücklage entsteht von „innen" über einbehaltene Gewinne.

6. **Außenfinanzierung:**

(a) Bei der Außenfinanzierung werden die Finanzierungsmittel dem Unternehmen extern z. B. in Form von Beteiligungen oder in Form von Krediten zugeführt.

(b) Die Außenfinanzierung kann in Beteiligungsfinanzierung und Kreditfinanzierung unterteilt werden.

(c) Gut funktionierende Kapitalmärkte stellen eine Grundvoraussetzung für alle verschiedenen Möglichkeiten der Außenfinanzierung dar.

(d) Durch die Beteiligungsfinanzierung entsteht Fremdkapital.

(e) Durch die Beteiligungsfinanzierung entsteht Eigenkapital.

Aufgabe 2: Grundlagen und Berechnungen

2.1. Für die Bilanzierung von „immateriellen Vermögensgegenständen" kann es besondere Vorschriften geben. Hierzu stellen sich folgende Fragen:

(a) Was sind „immaterielle Vermögensgegenstände"? (Definition)

(b) Welche Kategorien von immateriellen Vermögensgegenständen können unterschieden werden?

(c) Wie sind entgeltlich erworbene immaterielle Vermögensgegenstände zu bewerten?

(d) Ist ein Geschäfts- und Firmenwert ein Vermögensgegenstand?

2.2. Sie sind Assistent des Konzernvorstandes. Erläutern Sie kurz, wie man im Konzern Gewinne, Risiken und Liquidität verschieben kann. Geben Sie je ein Beispiel für Gewinn-, Risiko- und Liquiditätsverschiebung.

2.3 Setzen Sie den richtigen Gewinnbegriff in das jeweilige Feld ein!
Umsatz/Gesamtleistung
– Materialaufwand

1.

= + sonstiger Ertrag
– betriebliche Aufwendungen

=2.

+/– Finanzergebnis

=3.

+/– außerordentliches Ergebnis und Steuern

=4.

2.4 Finanzwirtschaftliche Ziele/wirtschaftliche Verhältnisse
Der selbstbewusste Bauunternehmer Müller erläutert Ihnen beim „Bilanzge-spräch", er habe im letzten Jahr doch eine 4-prozentige Umsatzrendite erzielt und 400 T€ Gewinn vor Steuern gemacht. Dies sei doch sehr positiv, zumal der Gewinn doch das wichtigste sei.
Kritisieren Sie diese Aussage differenziert!

2.5 Skonto oder KK-Kredit
Sie können eine Rechnung i. H. v. 200 T€ bei einem Lieferanten innerhalb von 1 Woche mit 1 % Skonto bezahlen – oder – innerhalb von 4 Wochen netto. Freie Liquidität haben Sie praktisch nicht. Die Hausbank verlangt auf dem Girokonto 10 % effektive Sollzinsen. Wie verhalten Sie sich wirtschaftlich? Wie groß ist der Vorteil der besseren Alternative?

Aufgabe 3: Bohr-Handels-GmbH
Bob Kohle ist Gesellschafter-Geschäftsführer der Bohr-Handels-GmbH und beliefert Maschinenbauer mit Spiralbohrern und Diamantschleifsteinen. Er kauft im Herbst aus einer Insolvenz erstklassige Standard-Spiralbohrer für 100 T€ und Diamantschleif-steine für 200 T€. Im Frühjahr des Folgejahres macht er seine Bilanz.
– Der Preis für Standard-Spiralbohrer ist gestiegen, so dass er am 31. 12. und da-nach die erworbenen Spiralbohrer mit sehr guten Argumenten zu 120 T€ verkau-fen könnte.
– Aufgrund der Russland- und Afrikakrise geraten die Diamantschleifsteine unter starken Preisdruck. Deren Marktpreis fällt unaufhaltsam: Der Wert der Diamant-schleifsteine am 31. 12. sinkt auf 98 T€, im Februar des Folgejahres sogar auf 88 T€. Bob Kohle hortet die Schleifsteine, weil er glaubt, dass sich die Preise irgendwann erholen.

a) Mit welchen Werten stehen die Standard-Spiralbohrer und die Diamantschleifsteine in der Handels- und Steuerbilanz der Bohr-Handels-GmbH? Begründung!
b) Die Bohr-Handels-GmbH ist eine „kleine Kapitalgesellschaft". Wer ist „Herr des
Wertansatzes", konkret wer bestimmt und prüft den Wertansatz?
c) Wer stellt den Jahresabschluss der Bohr-Handels-GmbH fest?

Aufgabe 4: Ökowind AG

Die Ökowind AG investiert in regenerative Energiegewinnungsanlagen. Für ein ge-
räuscharmes, relativ kurzlebiges Windrad (Prototyp mit einer Nutzungsdauer von 5
Jahren) liegen eine Baugenehmigung und die Einspeisezusage (Abnahmegarantie) der
Stadtwerke vor. Von folgenden Ausgangsdaten ist auszugehen:

– Energieertrag pro Jahr (mind. 5 Jahre lang) 4 Mio. kWh
– Geschätzter Erlös je Kilowattstunde 0,2 €
– Investitionssumme 1,5 M€
– Einmalige Strukturbeihilfe 200 T€ (Sofortzuschuss des Landes bei Kauf)

Mit folgenden Kosten ist zu rechnen:

– Man rechnet, dass zu Ende des 4. Jahres eine Sonderreparatur (Getriebeaustausch) fällig wird. Kosten hierfür 200 T€.
– Jährliche Kosten der Verwaltung und Instandhaltung (ohne Abschreibung und
obige Sonderreparatur): 30 % der Investitionssumme.
– Regelabschreibung 20 % (Nutzungsdauer 5 Jahre).
– Es wird damit gerechnet, dass Teile des Windrades nach 5 Jahre wiederverwertet werden können und dabei ein Restwert von mindestens 200 T€ erzielt werden
kann.

a) Ermitteln Sie die jährlichen Zahlungsströme in T€, wenn die Überschüsse vereinfacht am Jahresende gebucht werden.

Tab. 52. Zahlungsflüsse Ökowind AG.

Jahre	Auszahlungen in T€	Einzahlungen in T€	Überschüsse in T€
Jahr 0			
Ende Jahr 1			
Ende Jahr 2			
Ende Jahr 3			
Ende Jahr 4			
Ende Jahr 5			

b) Rechnet sich das Vorhaben nach der dynamischen (Kapitalwert-)Methode? Der Betreiber erwartet eine Mindestrendite von 8 %. Runden Sie auf T€!

Aufgabe 5: Franz Grabmeier e. K. (Gartenbau)

Der 45-jährige Kaufmann und Gartendesigner Franz Grabmeier e. K. hat sich vor acht Jahren selbstständig gemacht und betreibt ein Gartenbaugeschäft (Gestaltung und Handel). Zuvor war er Zeitsoldat. Die bisherigen Einkünfte wurden ins Eigenheim mit großem Vorplatz, Schuppen und Garagen investiert. Das Unternehmen ist in der Region etabliert, der Geschäftsverlauf ist „gut", Franz Grabmeier ist für seine unkomplizierte Art und seine Ideen bekannt. Das Unternehmen wächst kontinuierlich (Planumsatz in 20X2: 650 T€).

Der Jahresabschluss (gerundet) für die letzten zwei Jahre X1 und X0 stellt sich wie folgt dar:

Tab. 53. Bilanz Franz Grabmeier e. K.

Kurzbilanz von Franz Grabmeier e. K. der letzten zwei Jahre (gerundet):

Aktiva	X0	X1	Passiva	X0	X1
Grundstück	25	25	Eigenkapital	70	100
Sachanlagen/Masch.	130	100	Rückstellungen	5	5
Vorräte	20	15	Bankschulden	110	80
Forderungen	20	80	VB aus L+L	10	30
Kasse	5	0	sonstige VB	5	5
Bilanzsumme	200	220	Bilanzsumme	200	220

Tab. 54. GuV Franz Grabmeier e. K.

Gewinn- und Verlustrechnung	Jahr X0	Jahr X1
Umsatzerlöse	580	615
– Materialaufwand	220	240
– Personalaufwand	180	190
– Abschreibungen	30	30
– Miete/Raumaufwend.	5	5
– Werbeaufwand	5	5
– KFZ und Reparaturen	30	20
– sonst. betriebliche Aufwendungen	20	20
– Zinsaufwand	5	5
= Gewinn	85	100

Erläuterungen:
– **Maschinen:** keine Anschaffungen in X0 und X1
– **Rückstellungen** in beiden Jahren: für Urlaub 2 T€, Jahresabschlussarbeiten 2 T€, Steuer 1 T€
– **sonstige kurzfristige Schulden** in beiden Jahren: Steuern 2 T€, sonstige 3 T€
– **sonstige betriebliche Aufwendungen** in beiden Jahren: Versicherungen 5 T€, Beiträge 5 T€, Steuerberater 5 T€, Sonstiges 5 T€
– **Entnahmen in 20X0:** allgemein inkl. Steuern 45 T€; Versicherungen 10 T€, davon Rentenversicherung 8 T€
– **Entnahmen in 20X1:** allgemein inkl. Steuern 50 T€; Versicherungen 10 T€, davon Rentenversicherung 8 T€

Fragen zum Jahresabschluss

5.1 Ihr Kommilitone hat Zweifel, ob die Bilanzgliederung und der relativ kurze Jahresabschluss von Franz Grabmeier e. K. rechtmäßig sind. Bestehen die Zweifel an der Ordnungsmäßigkeit des Jahresabschlusses zu Recht?

5.2 Ein Garten eines Kunde ist halbfertig, der Kunde möchte 2 T€ anzahlen. Wie kann die Anzahlung verbucht werden?

5.3 Im neuen Jahr möchte Franz Grabmeier e. K. einen alten Bagger, der bereits voll abgeschrieben ist, zu 3 T€ „bar" verkaufen. Welche Posten der Bilanz und GuV sind betroffen? Wie lautet der Buchungssatz (ohne Umsatzsteuer)?

5.4 Was könnte sich unter dem Bilanzposten „sonstige Verbindlichkeiten" verstecken? Erläutern Sie kurz diesen Posten und nennen sie zwei Fallbeispiele hierfür!

5.5 In jedem Jahr zahlen Kunden immer wieder nur schleppend, ganz wenige gar nicht. Wie findet dieser Sachverhalt im Jahresabschluss seine angemessene Berücksichtigung. Differenzieren Sie.

Vereinfachte Jahresabschlussanalyse

5.6 Ertragslage: Bestimmen Sie die wichtigsten Renditen von Franz Grabmeier e. K. und bewerten Sie das Ergebnis kurz und prägnant.

5.7 Ertragslage: Stellen Sie den Leverage-Effekt dar, wenn die Hausbank für Kredite etwa 5 % Zinsen verlangt.

5.8 Kapitaldienstfähigkeit: Bestimmen Sie die Kapitaldienstfähigkeit und bewerten Sie das Ergebnis kurz und prägnant.

5.1.2 Klausur 2

Aufgabe 1

Eine, mehrere oder alle Aussagen sind richtig. Kreuzen Sie jeweils die **richtige(n)** Aussage(n) an!

1. **Anhang und Lagebericht:**
   (a) Sinn und Zweck des Anhangs ist es, den Jahresabschluss zu erläutern.
   (b) Jedes Unternehmen muss einen Anhang machen, fast jedes einen Lagebericht.
   (c) Der Jahresabschluss besteht immer aus Lagebericht, Bilanz und GuV.
   (d) Der Lagebericht könnte wie folgt gegliedert sein: Wirtschaftsbericht, Sozialbericht, Nachtragsbericht, Risikobericht, Bericht über F&E und über weitere Planungen.
   (e) Im Anhang findet man unter anderem auch Angaben und Erläuterungen zu einzelnen Bilanz- und GuV-Positionen, insbesondere zur Bewertung.

2. **Konzern:**
   (a) Zu einem Konzern gehören mindestens drei Unternehmen: Holding, Tochter- und Muttergesellschaft.
   (b) Ein Konzern bildet eine „rechtlich selbstständige Einheit". Deshalb muss man einen Konzernabschluss machen.
   (c) Die Konzernunternehmen sind rechtlich unselbständig, zumal die Holding die einheitliche Leitung übernimmt.
   (d) In einem Konzern muss die „Kontrolle" auch tatsächlich ausgeübt werden („Erfordernis einer tatsächlichen Kontrollausübung").
   (e) Keine Antwort ist richtig.

3. **Liquiditätslage:**
   (a) Eine hohe Arbeitsintensität führt tendenziell schneller zu Liquidität, da die Liquidation von Gegenständen des Umlaufvermögens in der Regel schneller verläuft als die von Anlagevermögen.
   (b) Kurzfristige Liquiditätsgrade stellen Kennzahlen dar, die Informationen über das Liquiditätsrisiko liefern können.
   (c) Die Zahlungsfähigkeit eines Unternehmens ist in der Regel dann gewahrt, wenn die laufenden Zahlungsverpflichtungen aus den laufenden Einzahlungen bestritten werden können.
   (d) Ein Liquiditätsplan zeigt periodenbezogene Liquiditätsrisiken.
   (e) Statische Liquiditätsgrade beziffern die Liquiditätslage exakt und umfassend.

4. **Amortisationsrechnung – Amortisationszeitpunkt:**
   (a) Der Amortisationszeitpunkt ist der Zeitpunkt, bei dem die Anlage aus dem Unternehmen ausscheidet.
   (b) Der Amortisationszeitpunkt ist der Zeitpunkt, bei dem die Anlage technisch überholt ist.

(c) Der Amortisationszeitpunkt ist der Zeitpunkt, bei dem die Anlage kaufmännisch abgeschrieben ist.

(d) Der Amortisationszeitpunkt ist der Zeitpunkt, bei dem die Anlage ihre optimale wirtschaftliche Nutzungsdauer erreicht hat.

(e) Der Amortisationszeitpunkt ist der Zeitpunkt, bei dem die Anschaffungsauszahlungen wieder gewonnen sind.

5. **Kapitalerhöhung bei Aktiengesellschaft (Bewertung eines Bezugsrechts):**
   Eine AG erhöht durch Ausgabe neuer Aktien das Grundkapital um 150 M€ von 600 M€ auf 750 M€. Der Börsenkurs der Aktie beträgt 310 €. Der Kurs der jungen/neuen Aktie ist auf 150 € festgelegt.
   (a) Der rechnerische Wert des Bezugsrechts beträgt hierbei 26,66 €.
   (b) Der rechnerische Wert des Bezugsrechts beträgt hierbei 32 €.
   (c) Der rechnerische Wert des Bezugsrechts beträgt hierbei 40 €.
   (d) Der rechnerische Wert des Bezugsrechts beträgt hierbei 53 €.
   (e) Der rechnerische Wert des Bezugsrechts beträgt hierbei 53,33 €.

6. **Lieferantenkredit:**
   Die Zahlungsbedingung „3 % Skonto bei Zahlung innerhalb von 10 Tagen oder 1 Monat netto" entspricht einem Jahreszins …
   (a) von etwa/mindestens 24 %.
   (b) von etwa/mindestens 36 %.
   (c) von etwa/mindestens 54 %.
   (d) von etwa/mindestens 78 %.
   (e) von etwa/mindestens 108 %.

Aufgabe 2: Grundlagenaufgabe

2.1 Grundsätze ordnungsmäßiger Buchführung (GoB)

Im Folgenden finden Sie drei wichtige Einzelbeispiele der GoB. Ergänzen Sie treffend für Nummer 2 und 3 die fehlenden (offenen) vier Felder analog zum Beispiel Nr. 1.

Tab. 55. Bilanzierungsprinzipien.

Nr.	§ im HGB	Kurzbezeichnung	Kurzerklärung
1	§ 252 I 2	Bilanzidentität	Die Eröffnungsbilanz eines Jahres muss mit der Schlussbilanz des Vorjahres übereinstimmen.
2		Saldierungsverbot	
3			Bewertungsmethoden der Vergangenheit sind beizubehalten.

2.2 Richtiger GuV-Posten

Die Motor AG wendet das Gesamtkostenverfahren an. Geben Sie für Nummer 2 bis 5 den richtigen GuV-Posten an (siehe Beispiel Nr. 1).

Tab. 56. GuV-Posten.

Nr.	Geschäftsvorfall	GuV-Posten
1	Einsatz von Material	Aufwand: Materialaufwand
2	Verkauf von Dieselmotoren	
3	Vermietung von Werkswohnungen	
4	Auflösung einer (letztlich grundlosen) Rückstellung	
5	Neue Wertberichtigung für eine Forderung	

2.3 Forderungen im Umlaufvermögen

Was sind Pauschalwertberichtigungen? Warum werden diese gebildet?

2.4 Periodenabgrenzung

Ein Elektrogroßhändler bestellt Anfang Dezember bei einem Exporteur für eine Faschingsgesellschaft 200 Kopfhörer zum Festpreis von 50 € pro Stück mit Fix-Lieferung zum 03. 02.

(a) Am 31. 12. (Bilanzstichtag) wird der Kopfhörer am Markt zu 60 € pro Stück gehandelt. Welche Konsequenzen hat dies für den Jahresabschluss des Elektrogroßhändlers? Bitte kurz begründen!

(b) Am 31. 12. (Bilanzstichtag) wird der Kopfhörer am Markt zu 40 € pro Stück gehandelt. Welche Konsequenzen hat dies für die Handels- und Steuerbilanz des Elektrogroßhändlers? Bitte kurz begründen!

2.5 Lückentext – Setzen Sie einen passenden Begriff ein.

Die Anschaffungs- oder Herstellungskosten sind eine Grundlage für die Bewertung von Vermögensgegenständen. Einerseits bilden sie nach dem HGB die .... für die Bewertung der Gegenstände, andererseits bilden sie die Abschreibungsbasis. Gegenstände, die ein Unternehmen von Dritter Seite beschafft, sind zunächst mit den .... zu bewerten. Gegenstände, die im Unternehmen selbst hergestellt werden, sind mit den Herstellungskosten zu bewerten. Dabei dürfen .... und .... nicht in die Herstellungskosten einbezogen werden.

2.6 Systematisierung der Finanzierungsformen

Setzen Sie – analog dem mittleren Feld „Abschreibungsfinanzierung" – für die freien vier Felder je einen passenden Begriff bzw. ein Beispiel ein.

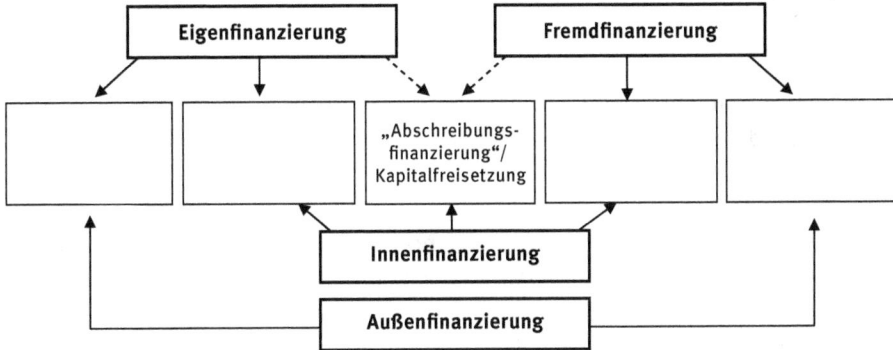

Abb. 1. Systematisierung von Finanzierungsformen.

2.7 Dynamische Investitionsrechnung

Claire Werk erwirbt ein neues Filtersystem für Schmutzwasser von einem Konkurrenten. Das System kostet 50.000 € und bringt mit guten Argumenten – drei Jahre lang – zum jeweiligen Jahresende 20.000 €, dann 25.000 € und zuletzt 10.000 € Einzahlungsüberschüsse. Danach läuft für das neue Filtersystem die Genehmigung aus.

(a) Rechnet sich für Claire das Filtersystem, wenn man mit 6 % Zinsen kalkuliert?

(b) Angenommen der Kaufpreis ist nur ein Circa-Wert. Wie hoch wäre für Claire der maximale Kaufpreis (Break-Even-Wert), wenn der Mindestzins 5 % betragen soll?

2.8 Vorteile beim Leasing von Maschinen

Nennen Sie kurz in Schlagwörtern Vorteile für ein Unternehmen, wenn es einen Maschinenpark „least" statt „kauft".

Aufgabe 3: Bilanzierung des Umlaufvermögens/Forderungen

Maria Heilig e. K. leitet einen Großhandel für Heiligenfiguren. Zum 31. 12. 20X1 weist das Debitorenkonto (Forderungen) einen Saldo von 678.300 € aus. Es gibt folgende Besonderheiten:

– Einem „südamerikanischen Laden" auf der Nordseeinsel Amrum wurden Marienfiguren für brutto 11.900 € verkauft. Die Rechnung ist längst fällig, alle Mahnungen kommen mit dem Vermerk „unbekannt verzogen" zurück. Wer genau Inhaber des Ladens ist, lässt sich nicht eindeutig klären. Ein Anwalt rät mit guten Argumenten von weiteren Vollstreckungsversuchen ab.

- Der Kunde Meier aus Ettlingen hat Ende Dezember 20X1 sein ganzes Vermögen in Baden-Baden verspielt. Er sitzt derzeit in der Psychiatrie. Es ist sehr unwahrscheinlich, dass er die offene Rechnung in Höhe von 3.808 € brutto bezahlen kann.
- Bei der Kundin Hinterwald GmbH ist ein Insolvenzverfahren eröffnet worden. Die Insolvenzquote ist noch offen, wird aber auf 40 % geschätzt. Die Forderung beträgt 3.570 € brutto.
- In den letzten Jahren wurde eine 3%ige Pauschalwertberichtigung auf Forderungen gebildet und vom Finanzamt anstandslos akzeptiert.

Fragen:
a) Maria Heilig stellt im März 20X2 ihren Jahresabschluss auf. Mit welchem Wert stehen die Forderungen in der Bilanz? Bitte beurteilen Sie die Besonderheiten, differenzieren Sie (Einzelwertberichtigung, Pauschalwertberichtigung und Umsatzsteuerberichtigung) und leiten Sie davon den Bilanzwert nachvollziehbar ab!
b) Frist: In welchem Zeitraum muss Maria Heilig ihren Jahresabschluss erstellen?

Aufgabe 4: Kreditfinanzierung (Zins- und Tilgungsplan; Kreditablauf; Kapitaldienst)
Ein Stuttgarter Bestatter möchte eine Produktinnovation – das „Rundum-sorglos-Grab" – auf den Markt bringen. Immer mehr Nachkommen haben für die Grabpflege keine Zeit. Das „Rundum-sorglos-Grab" ist eine kommunikationsfähige Grabstelle mit einem Rahmen aus nichtrostendem Stahl, einem Bewässerungssystem, das die Erde über drei Monate feucht hält und einem Sonnenenergiesystem, das ewiges Licht speist. Über eine integrierte Grabfotokamera kann man jederzeit auf das Grab zugreifen und per Mausklick eine Kerze anzünden und Lieder anstimmen. Zur Deckung der ersten Produktion bzw. Vermarktung (Mitarbeiter, Maschinen, Material, vor allem aber für neue Vertriebs- und Marketinginstrumente) braucht der Bestatter gut begründet 150 T€, wovon er 50 T€ Eigenkapital einbringen kann. Den Rest – 100 T€ – will er vier Jahre finanzieren.

Hinsichtlich der Tilgung diskutiert er mit seiner Hausbank unterschiedliche Tilgungsvarianten, insbesondere die endfällige Tilgung und die Annuitätentilgung. Die Bank bietet einen effektiven Zinssatz von 4 %.
a) Wie sieht jeweils der Zins- und Tilgungsplan aus? Füllen Sie die Tabellen aus! Modell Endfälliges Darlehen (Werte jeweils in T€):

Tab. 57. Zahlungsplan endfällige Tilgung.

Jahr	Zins	Tilgung	Rate	Restschuld
0	–	–	–	100
Ende J 1				
Ende J 2				
Ende J 3				
Ende J 4				
Summe				

Modell Annuitätendarlehen (Werte jeweils in T€):
Bestimmen Sie die Rate nach der Kapitalwertmethode. Wenn Sie sie nicht berechnen können, nehmen Sie als Rate 28 T€.

Tab. 58. Zahlungsplan Annuitätentilgung.

Jahr	Zins	Tilgung	Rate	Restschuld
0	–	–	–	100
Ende J 1				
Ende J 2				
Ende J 3				
Ende J 4				
Summe				

b) Wenn Sie den Bestatter beraten, welche Methode würde Sie aus betriebswirtschaftlicher Sicht vorschlagen? Warum?

c) Angenommen, die Hausbank hat Interesse an der Kreditvergabe. Wie sähe der Kreditablauf aus? Skizzieren Sie den schematischen Ablauf der Kreditierung (Kreditverfahren) kurz und prägnant!

d) Kreditwürdigkeit/Kapitaldienstfähigkeit
   - Im Zentrum der Kreditwürdigkeitsprüfung steht die Feststellung der Kapitaldienstfähigkeit (KDF). Definieren Sie die KDF in einem Satz!
   - Das folgende Schema der KDF ist lückenhaft. Ergänzen Sie die fehlenden vier Begriffe – jeweils in der „… Lücke" – mit dem treffenden Fachbegriff!

Gewinn vor Steuern

+ ....
+ Veränderung der langfristigen Rückstellungen
+ Zinsdienst
_____
= ....
+/– Sonderfaktoren
– ....
_____
= Kapitaldienstgrenze
....
– Tilgung
= Überdeckung bzw. Unterdeckung

Aufgabe 5: Finanzierung aus Abschreibungen

Inge Sauber plant die Eröffnung eines Waschsalons in der Nähe der Hochschule Pforzheim. Sie verfügt über ein Startkapital von 15.000 €, mit dem sie fünf Waschautomaten zu je 3.000 € anschafft. Sie rechnet mit einer hohen Akzeptanz der Dienstleistung, einer hohen Abnutzung der Automaten, mit einer Nutzungsdauer der Geräte von drei Jahren und hat eine Preisgarantie für Nachkäufe der Maschinen für drei Jahre. Frau Sauber möchte aus eigener Kraft wachsen.

Stellen Sie den maximalen Wachstumseffekt für den Waschsalon für die ersten drei Jahre aus eigener Kraft dar, wenn Inge Sauber kostendeckend kalkuliert, das Konzept aufgeht und sie den Gewinn nach Steuern laufend für ihr Leben entnimmt. Rechnen Sie annäherungsweise mit Abschreibungseffekten alle 6 Monate.

Tab. 59. Finanzierung aus Abschreibungen.

5.1.3 Klausur 3

Aufgabe 1

Eine, mehrere oder alle Aussagen sind richtig. Kreuzen Sie jeweils die **richtige(n)** Aussage(n) an!

1. **Konzern**
   - (a) In einem Konzern können Risiken, Gewinne und Liquidationsströme relativ leicht verschoben werden.
   - (b) Der Konzernabschluss dient der Information der Kapitalgeber und hat keine Bemessungsfunktion für Gewinnausschüttungen oder Steuerzahlungen.
   - (c) Im Konzernabschluss sind Vermögensgegenstände, die ganz oder teilweise aus dem konzerninternen Lieferungs- und Leistungsverkehr stammen, mit den Konzernanschaffungskosten bzw. den Konzernherstellungskosten anzusetzen.
   - (d) Wenn dem Mutterunternehmen nicht die Mehrheit der Stimmrechte beim Tochterunternehmen zustehen, muss dieses grundsätzlich nicht in den Konzernabschluss einbezogen werden.
   - (e) Der HGB-Konzernabschluss besteht aus der Konzernbilanz und der Konzern-GuV. Bei börsennotierten Unternehmen ist er um eine Kapitalflussrechnung zu erweitern.

2. **Beteiligungsfinanzierung nicht emissionsfähiger Unternehmen**
   - (a) Ein Gesellschafter kann nicht gleichzeitig Darlehensgeber sein.
   - (b) Bei der Aufnahme eines neuen GmbH-Gesellschafters wird die Einzahlung immer vollständig den Stammeinlagen gutgeschrieben.
   - (c) Für den Handel der Anteile an nicht emissionsfähigen Unternehmen gibt es einen organisierten Markt an dem die Anteile problemlos ge- und verkauft werden können.
   - (d) Als Alternative zur Beteiligungsfinanzierung kann eine Venture-Capital- oder Kapitalbeteiligungsgesellschaft eingebunden werden. Diese Gesellschaften erwerben meist eine Minderheitenbeteiligung und beraten das Unternehmen auch betriebswirtschaftlich.

3. **Beteiligungsfinanzierung emissionsfähiger Unternehmen**
   - (a) Zu den emissionsfähigen Unternehmen zählen in Deutschland die AG, die GmbHaA und die KGaA.
   - (b) Für eine Stückaktie lässt sich immer auch ein rechnerischer Nennwert ermitteln.
   - (c) Der DAX umfasst die, gemessen an der Marktkapitalisierung und dem Börsenumsatz, größten deutschen Unternehmen.
   - (d) Eine ordentliche Kapitalerhöhung führt zu einem unmittelbaren Beteiligungsfinanzierungseffekt.

4. **Steuerbilanz**
   (a) Ziel der Steuerbilanz ist die Ermittlung der Bemessungsgrundlage für Subventionen und Steuern.
   (b) Rückstellungen für drohende Verluste aus schwebenden Geschäften sind handelsrechtlich wie steuerrechtlich zu bilden.
   (c) Für eine voraussichtlich dauerhafte Wertminderung im Anlagevermögen besteht sowohl im Handelsrecht, als auch im Steuerrecht eine Abwertungspflicht.
   (d) Gemeinsamkeit von Handels- und Steuerbilanz besteht in allen Fällen der Verbrauchsfolgeverfahren.

5. **Niederstwertprinzip im Anlagevermögen nach Handelsrecht**
   (a) Liegt eine voraussichtlich dauerhafte Wertminderung bei einem Vermögensgegenstand des Anlagevermögens vor, so sind außerplanmäßige Abschreibungen vorzunehmen, um den am Abschlussstichtag beizulegenden niedrigeren Wert anzusetzen.
   (b) Wurde der Geschäfts- oder Firmenwert außerplanmäßig abgeschrieben, so darf der niedrigere Wert nicht beibehalten werden, wenn die Gründe für die Wertminderung nicht mehr bestehen.
   (c) Bei Finanzanlagen können außerplanmäßige Abschreibungen nur bei voraussichtlich dauernder Wertminderung vorgenommen werden.
   (d) Sachanlagen und immaterielle Vermögensgegenstände des Anlagevermögens (mit Ausnahme eines Geschäfts- oder Firmenwerts) werden hinsichtlich Wertminderungen gleich behandelt.

6. **Statische Verfahren der Investitionsrechnung**
   (a) Statische Verfahren arbeiten mit periodisierten Durchschnittsgrößen und werden deshalb als „Einperiodenmodelle" bezeichnet.
   (b) Der Kostenvergleich kann ausreichend sein, wenn die Erträge der Investitionsalternativen gleich sind und wenn es nur auf Kostendifferenzen ankommt.
   (c) Der Amortisationsvergleich ist umso besser, je langsamer die investierten Mittel zurückfließen.
   (d) Die Rentabilitätsrechnung berücksichtigt besonders das jeweilig eingesetzte Kapital. Sie berechnet sich wie folgt: Gewinn ohne Zinskosten oder Kostenersparnis/ durchschnittlichen Kapitaleinsatz

Aufgabe 2: Grundlagenaufgabe

2.1 Die Auto GmbH möchte eine neue Maschine kaufen und nimmt hierfür am 1. Januar 20X1 ein Annuitätendarlehen in Höhe von 100.000 € mit 6-jähriger Laufzeit auf. Die Zahlungen an die Bank erfolgen jeweils am 31. Dezember. Der Zinssatz beträgt 6 %.
   (a) Wie sieht der Tilgungsplan für die Auto GmbH aus?

(b) Stellen Sie die Buchungssätze der Kreditaufnahme und Rückzahlung der Auto GmbH im Zeitpunkt 0 und am Ende des Jahres 20X1 dar.

(c) Die Auto GmbH stellt außerdem eine eigene Maschine zu folgenden Kosten her:

Materialeinzelkosten	20 T€
Fertigungslöhne	30 T€
Aufwendungen für soziale Leistungen	12 T€
Sondereinzelkosten der Fertigung	5 T€
Allgemeine Verwaltungskosten	7 T€
Vertriebskosten	3 T€
Abschreibungen	5 T€

Welche Kosten können und welche müssen nach HGB als Herstellungskosten aktiviert werden? Welche Wertansätze (Minimum und Maximum) sind dementsprechend in der Bilanz möglich?

2.2 Das Grundkapital der Expansions AG beträgt momentan 2 M€. Die Aktien haben einen Nennwert von 5 €. Momentan liegt der Börsenkurs bei 150 €. Die Expansions AG beschließt, ihr Grundkapital durch die Ausgabe von neuen Aktien auf 2,4 M€ zu erhöhen. Der Bezugspreis wird mit 132 € festgelegt.

Wie hoch ist der rechnerische Wert des Bezugsrechts?

2.3 Erläutern Sie, wann es zum Ansatz von aktiven bzw. passiven latenten Steuern kommt und nennen Sie jeweils ein Beispiel.

Aufgabe 3: Bilanz

Die Phoenix AG weist folgende fehlerhafte Bilanz aus (alle Angaben in T€):

Tab. 60. Bilanz der Phoenix AG.

Aktiva		Passiva	
A: Umlaufvermögen		A: Eigenkapital	
I Forderungen	50	Stammkapital	250
II Wertpapiere		Kapitalrücklage	220
Kasse	20	Jahresüberschuss***	200
Bank	200		
III Vorräte		B: Rückstellungen	
Unfertige Erzeugnisse**	150	Rückstellungen für Pensionen	80
Fertige Erzeugnisse	100		
		C: Verbindlichkeiten	330
B: Anlagevermögen			
I Immat. Vermögensggst.	100	D: Rechnungsabgrenzungsposten	0
II Sachanlagen	350		
III Finanzanlagen*	150	E: Passive latente Steuern	0
IV Roh-, Hilfs-, Betriebsstoffe	20		
		F: Eventualverbindlichkeiten	60
C: Aktive latente Steuern	0		
Bilanzsumme	1.140	Bilanzsumme	1.160

* Finanzanlagevermögen: davon verpfändetes Deckungsvermögen zu Gunsten von Pensionsberechtigten: 100 T€.

** Angaben zu unfertigen Erzeugnissen: Erwarteter Verkaufspreis: 200 T€; noch zu erwartende Kosten bis Verkauf: 70 T€.

*** Jahresüberschuss: Jahresüberschuss in der GuV: dieses Jahr: 100 T€; letztes Jahr: 120 T€. Der JÜ des letzten Jahres wird gemäß dem Beschluss der Gesellschafterverordnung thesauriert.

a) Beschreiben Sie kurz und prägnant, was „Deckungsvermögen" ist.

b) Welche Fehler wurden bei der Bilanzerstellung begangen? Beschreiben Sie die Fehler und die richtige Bilanzierung in Stichpunkten.

c) Stellen Sie die korrigierte Bilanz dar. Für die Bezeichnung der Posten können Sie verständliche Abkürzungen verwenden. Nehmen Sie nur bilanzielle Anpassungen vor (keine Anpassungen des Jahresüberschusses).

Aufgabe 4: Zero-Bond

Die Müller GmbH hat überschüssige Liquidität und möchte einen Zero-Bond zum heutigen Preis von 60 T€ kaufen, der in 8 Jahren zu einer Einzahlung von 100 T€ führt.

a) Wie sieht der Zahlungsstrom des Zero-Bonds aus?

b) Berechnen Sie den internen Zinssatz des Zero-Bonds.

c) Welche Alternativen hätte die Müller GmbH die überschüssige Liquidität zu verwenden und worauf muss sie bei einer Entscheidung achten?

Aufgabe 5: Branchenvergleich

Die Electronic GmbH ist ein etabliertes Unternehmen in der Elektroindustrie. Obwohl die Electronic GmbH seit Jahren positive Ergebnisse ausweist, möchte der Geschäftsführer wissen, ob es weiteres Verbesserungspotenzial gibt und wie er im Vergleich zu anderen Unternehmen seiner Industrie steht. Deshalb beauftragt er Sie, seine GuV zu analysieren und die wichtigsten Kennzahlen mit dem Branchendurchschnitt zu vergleichen, um Verbesserungspotenziale zu erkennen.

Die GuV der GmbH sieht wie folgt aus (in T€):

Tab. 61. GuV Electronic GmbH.

Umsatzerlöse	100
+/− Bestandsveränderungen	0
+ aktivierte Eigenleistungen	0
Betriebsleistung	100
− Waren- und Materialeinsatz	−35
− Personalaufwand	−30
− Mietaufwand /Pacht	−5
− Marketingaufwand	−4
− sonstiger betrieblicher Aufwand	−3
− Abschreibungen	−4
Betriebsergebnis	19
+/− Zinsertrag/-aufwand	−2
Ergebnis der gewöhnlichen Geschäftstätigkeit	17
+/− a. o. Erträge/a. o. Aufwand	0
− Steuern von Einkünften und Erträgen	−5
+/− Rücklagen/Gesellschafterverrechnung	0
Jahresüberschuss/-fehlbetrag =	12

Es sind folgende durchschnittliche Branchenkennzahlen bekannt:

Tab. 62. Branchenvergleichswerte.

Personaleinsatzquote	25,00 %
Abschreibungsquote	6,00 %
Umsatzrentabilität	14,00 %
Materialeinsatzquote	40,00 %

a) Vergleichen Sie die Branchenkennzahlen mit den entsprechenden Kennzahlen der Electronic GmbH.
b) Was könnten mögliche Ursachen für die Abweichungen sein?
c) Welche Möglichkeiten zur Verbesserung der Kennzahlen sehen Sie?
d) Wo liegen allgemein die Grenzen von Jahresabschlusskennzahlen?

5.1.4 Klausur 4

Aufgabe 1
Eine, mehrere oder alle Aussagen sind richtig. Kreuzen Sie jeweils die **richtige(n)** Aussage(n) an!
1. **Bilanzierung von Anteilen:**
   (a) Hält eine GmbH 30 % der Anteile an einem anderen Unternehmen, so muss diese Beteiligung immer als Finanzanlagevermögen (Beteiligungen) ausgewiesen werden.
   (b) Wenn eine kleine AG 5 % der Aktien des eigenen Unternehmens erwirbt, bilanziert sie diese entweder in dem Posten „Finanzanlagen" oder in dem Posten „Wertpapiere".
   (c) Für eigene Anteile ist stets eine Rücklage im Eigenkapital zu bilden.
   (d) Wann eine Beteiligung bzw. ein verbundenes Unternehmen vorliegt, ist gesetzlich genau geregelt, und zwar in (bitte Paragraf und Gesetz angeben): ....

2. **Realisationsprinzip**
   (a) Das Realisationsprinzip verbietet grundsätzlich die Bilanzierung schwebender Geschäfte.
   (b) Gewinne und Verluste dürfen erst dann bilanziell erfasst werden, wenn sie realisiert sind.
   (c) Gewinne gelten als realisiert, wenn beide Vertragsparteien einen bindenden Vertrag unterschrieben haben und kein Rücktrittsrecht mehr besteht.
   (d) Verluste werden bilanziell erfasst, wenn sie zu einem finanziellen Schaden (Ressourcenabfluss) geführt haben.

3. **Anhang**
   (a) Sinn und Zweck des Anhangs ist es, den Jahresabschluss zu erläutern.
   (b) Neben finanziellen Leistungsindikatoren muss der Anhang einer großen Kapitalgesellschaft auch nichtfinanzielle Leistungsindikatoren beinhalten.
   (c) Der Anhang muss nur von großen Kapitalgesellschaften aufgestellt werden.
   (d) Im Anhang einer mittelgroßen AG ist die Vergütung der Organmitglieder darzustellen.

4. **Lieferantenkredit**
   Der Rechnungshinweis „Zahlung innerhalb von 6 Tagen unter Abzug von 2 % Skonto oder nach 30 Tagen rein netto" bedeutet:
   (a) Der Lieferant bietet seinem Kunden einen kurzfristigen Kredit über 100 % des Rechnungsbetrages an.
   (b) Der Lieferant bietet seinem Kunden einen kurzfristigen Kredit über 98 % des Rechnungsbetrages an.

(c) Wenn der Kunde das Skonto ausnutzt, benötigt er liquide Mittel oder einen zusätzlichen Bankkredit über 98 % des Rechnungsbetrages. Dieses Geld benötigt er mindestens 24 Tage früher als bei Nutzung des Lieferantenkredits.

(d) Der effektive Zinssatz des Lieferantenkredits beträgt .... % (bitte ausfüllen)

5. **Abschreibungen**

Die Höhe der Abschreibungen wird bestimmt durch ...

(a) die Abschreibungsmethode.

(b) die Nutzungsdauer.

(c) die Art der Gewinnermittlung.

(d) die Anschaffungs- bzw. Herstellungskosten.

(e) den internen Zinssatz.

6. **Deckungsvermögen ...**

(a) ist im Insolvenzfall dem Zugriff der übrigen Gläubiger entzogen.

(b) wird ohne Berücksichtigung des Realisationsprinzips bilanziert.

(c) wird ohne Berücksichtigung des Imparitätsprinzips bilanziert.

(d) wird ohne Berücksichtigung des Saldierungsverbotes bilanziert.

(e) wird ohne Berücksichtigung des Anschaffungskostenprinzips bilanziert.

Aufgabe 2: Grundlagenaufgabe

2.1 Welche Funktionen werden von Kapitalmärkten erfüllt. Antworten Sie mit treffenden Schlagworten.

2.2 Erläutern Sie den Leverage-Effekt anhand eines selbst gewählten Beispiels. Bitte antworten Sie kurz und prägnant in Stichpunkten.

2.3 Wie wirkt sich das Niederstwertprinzip auf Vermögensgegenstände des Anlagevermögens und des Umlaufvermögens aus?

2.4 Inwiefern kann es aufgrund des Niederstwertprinzips zu latenten Steuereffekten kommen?

2.5 Eine Aktiengesellschaft führt eine Kapitalerhöhung mit folgenden Rahmendaten durch:

- Marktkapitalisierung vor der Kapitalerhöhung = 1 Milliarde €
- Bezugsverhältnis 2:1
- Bezugskurs 40 €
- Anzahl an neuen Aktien = 5 Millionen Stück.

Wie hoch ist der rechnerische Wert des Bezugsrechts?

Aufgabe 3: Investitionsrechnung und Annuitätendarlehen

Eine Investition mit einer Anfangsauszahlung von 1.000 T€ dauert 5 Jahre und liefert im ersten Jahr einen Einzahlungsüberschuss in Höhe von 100 T€. In den Folgejahren steigen die Einzahlungsüberschüsse jährlich um 50 %. Es gibt keinen Restverkauferlös.

a) Soll die Investition durchgeführt werden, wenn mit der Kapitalwertmethode entschieden werden soll und der Zinssatz einer laufzeit- und risikoadäquaten Alternativinvestition im Fall (i) bei 10 % und im Fall (ii) bei 11 % liegt?

b) Wie sieht der Zins- und Tilgungsplan (gerundet auf volle €) für folgendes Annuitätendarlehen aus: Kreditsumme 1 M€, 10 Jahre Laufzeit, Zinssatz 4,5 %. Gehen Sie davon aus, dass das Darlehen nach 10 Jahren vollständig getilgt sein soll.

Aufgabe 4: Bilanzierung von Anlagevermögen

Die Sektkellerei Schloss Wachenheim AG hat ein neues Verfahren zur Herstellung eines alkoholfreien Sektes erfunden, das sie ab 20X1 bis Ende 20X5 nutzen will. Das Patent wurde Ende 20X0 angemeldet. Insgesamt sind im Zusammenhang mit der Neuerfindung folgende Kosten angefallen:

- Personalkosten Forschungsabteilung 500.000 €
- Sachkosten (für Material etc.) der Forschungsabteilung 200.000 €
- Personalkosten Entwicklungsabteilung 750.000 €
- Sachkosten (für Material etc.) der Entwicklungsabteilung 300.000 €

Die Sektkellerei Schloss Wachenheim AG ist eine große Kapitalgesellschaft. Ihre Steuerquote beträgt 30 %.

a) Welche Möglichkeiten der Bilanzierung bestehen für das neu entwickelte Verfahren in der Handelsbilanz zum 31. 12. 20X0? Bitte erläutern Sie die Möglichkeiten kurz und prägnant in Stichpunkten und geben Sie etwaige Buchungssätze an.

b) Welche Möglichkeiten der Bilanzierung bestehen für das neu entwickelte Verfahren in der Steuerbilanz zum 31. 12. 20X0? Bitte erläutern Sie die Möglichkeiten kurz und prägnant in Stichpunkten und geben Sie etwaige Buchungssätze an.

c) Was ist in diesem Zusammenhang in der Handelsbilanz zum 31. 12. 20X0 zu beachten? Bitte erläutern Sie die Möglichkeiten kurz und prägnant in Stichpunkten und geben Sie etwaige Buchungssätze an.

Aufgabe 5: Bilanzpolitik

Erläutern und begründen Sie bitte, ob die handelsrechtliche Bilanzierung der nachfolgend aufgeführten Sachverhalte gesetzliche oder faktische Wahlrechte enthält und/oder für den Bilanzierenden Ermessensspielräume erlaubt. Zeigen Sie auch auf, in welcher Weise durch die Ausübung dieser Wahlrechte/Ermessensspielräume in der Betrachtungsperiode die Höhe des Jahresüberschusses oder die Eigenkapitalquote beeinflusst wird.

a) Anschaffungskosten
b) Rückstellungen
c) Abschreibungen auf Finanzanlagen
d) Bewertungsvereinfachungsverfahren im Umlaufvermögen

5.2 Lösungen zu den Klausuren

Bearbeitungszeit pro Klausur: 90 Minuten

5.2.1 Lösungen zu Klausur 1

Aufgabe 1

Die richtigen Antworten sind:

1. a, b, d
2. b
3. a, b, e
4. b, d
5. c, e
6. a, b, e

Aufgabe 2: Grundlagen und Berechnungen

2.1 *Für die Bilanzierung von „immateriellen Vermögensgegenständen" kann es besondere Vorschriften geben. Hierzu stellen sich folgende Fragen:*

(a) *Was sind „immaterielle Vermögensgegenstände"? (Definition)*

Immaterielle Vermögensgegenstände besitzen keine physische Präsenz (d. h. sie sind nicht körperlich greifbar) und sind durch ihren geistigen oder rechtlichen Gehalt charakterisiert. Sie beinhalten keine direkten finanziellen Rechte oder Pflichten.

(b) *Welche Kategorien von immateriellen Vermögensgegenständen können unterschieden werden?*

Die typischen, in § 266 vorgesehenen Kategorien sind:
– selbst geschaffene Rechte und Lizenzen
– entgeltlich erworbene Konzessionen, Rechte und Lizenzen
– Geschäfts- oder Firmenwert

ggf. in Ergänzung: Geleistete Anzahlungen auf immaterielle Vermögensgegenstände.

(c) *Wie sind entgeltlich erworbene immaterielle Vermögensgegenstände zu bewerten?*

Entsprechend § 255 und § 253 zu fortgeführten Anschaffungskosten, d. h. Anschaffungskosten abzgl. der planmäßigen Abschreibung und abzgl. ggf. erforderlicher außerplanmäßiger Abschreibungen

(d) *Ist ein Geschäfts- oder Firmenwert ein Vermögensgegenstand?*

Ein Geschäfts- oder Firmenwert ist kein Vermögensgegenstand, da er die abstrakten Ansatzkriterien nicht erfüllt: Er ist nicht separat verwertbar, da er nicht unabhängig vom Unternehmen bzw. der betreffenden Teilorganisation verkauft werden kann.

Allerdings wird er entsprechend § 246 Abs. 1 wie ein zeitlich begrenzt nutzbarer Vermögensgegenstand behandelt.

2.2 *Sie sind Assistent des Konzernvorstandes. Erläutern Sie kurz wie man im Konzern Gewinne, Risiken und Liquidität verschieben kann. Geben Sie je ein Beispiel für Gewinn-, Risiko- und Liquiditätsverschiebung.*

Die Obergesellschaft (Holding/Muttergesellschaft) hat die Leitung des Konzerns und kann die Untergesellschaft(en) (Tochtergesellschaft(en)) kontrollieren und bestimmte Tätigkeiten oder Vorgänge anweisen. Je nach Sachverhalt können dadurch Gewinne, Risiken oder Liquidität zwischen den Gesellschaften verschoben werden.

Beispiel Gewinnverschiebung: Eine Tochtergesellschaft, die Produkte herstellt und in einem Hochsteuerland sitzt, verkauft die Produkte zwar kostendeckend, aber günstig, an eine Tochtergesellschaft, die die Produkte an Kunden verkauft und in einem Niedrigsteuerland sitzt. Dadurch sinkt der Gewinn im Hochsteuerland und steigt im Niedrigsteuerland.

Beispiel Risikoverschiebung: Die Muttergesellschaft übernimmt riskante Forderungen von der Tochtergesellschaft, um das operative Geschäft von den Risiken zu entlasten.

Beispiel Liquiditätsverschiebung: Die Muttergesellschaft nimmt als alleinige Kreditnehmerin Bankkredite auf und bekommt durch das größere Volumen und ggf. die Haftung des gesamten Konzerns günstigere Konditionen als die Tochtergesellschaften. Die so erhaltene Liquidität wird über konzerninterne Darlehen an die Tochtergesellschaften weitergegeben.

2.3 *Setzen Sie den richtigen Gewinnbegriff in das jeweilige Feld ein!*

Umsatz/Gesamtleistung
– Materialaufwand

1. Rohergebnis

= + sonstiger Ertrag
– betriebliche Aufwendungen

=2. Betriebsergebnis

+/– Finanzergebnis

=3. Ergebnis der gewöhnlichen Geschäftstätigkeit

+/– außerordentliches Ergebnis und Steuern

=4. Jahresüberschuss/-fehlbetrag

2.4 *Finanzwirtschaftliche Ziele/wirtschaftliche Verhältnisse*
Der selbstbewusste Bauunternehmer Müller erläutert Ihnen beim „Bilanzgespräch", er habe im letzten Jahr doch eine 4-prozentige Umsatzrendite erzielt und 400 T€

Gewinn vor Steuer gemacht. Dies sei doch sehr positiv, zumal der Gewinn doch das wichtigste sei.

Kritisieren Sie diese Aussage differenziert!

Herr Müller konzentriert sich in seiner Aussage ausschließlich auf den Gewinn als zentrale Größe zur Steuerung eines Unternehmens. Gewinn ist unbestritten wichtig, da er Ausdruck des Leistungsvermögens des Unternehmens und über die Selbstfinanzierung den Bedarf an externen Finanzmitteln reduzieren kann. Daneben gibt es aber noch andere wichtige finanzwirtschaftliche Ziele:

– Liquidität, die kurz- und langfristig sichergestellt werden muss, da ansonsten die Insolvenz droht.

– Sicherheit, d. h. wie zuverlässig Zahlungsströme vorausgesagt werden können; in der Regel gilt je sicherer ein Zahlungsstrom vorausgesagt werden kann, desto weniger Gewinn macht man mit diesem Zahlungsstrom.

– Unabhängigkeit, z. B. von einzelnen Banken oder Investoren, um den Einfluss einzelner Gruppen auf das Unternehmen zu beschränken; auch dieses Ziel wirkt häufig zumindest kurzfristig gewinnmindernd, z. B. durch die Pflege einer Vielzahl von Bankkontakten statt nur einer Hausbank.

Die Aussage von Herrn Müller ist somit sehr kurzsichtig, da alle Ziele in angemessenem Umfang verfolgt werden sollten und insbesondere eine ausreichende Liquidität kurzfristig – und gewinnunabhängig – sichergestellt werden muss.

2.5 *Skonto oder KK-Kredit*

Sie können eine Rechnung i. H. v. 200 T€ bei einem Lieferanten innerhalb von 1 Woche mit 1 % Skonto bezahlen – oder – innerhalb von 4 Wochen netto. Freie Liquidität haben Sie praktisch nicht. Die Hausbank verlangt auf dem Girokonto 10 % effektive Sollzinsen. Wie verhalten Sie sich wirtschaftlich? Wie groß ist der Vorteil der besseren Alternative?

Alternative 1:

Vergleich des Lieferantenkredits mit Skontierung und Bankfinanzierung:

Rechnungsbetrag abzgl. Skonto	198.000 €
Bankzinsen: 10 % für 21 Tage für 198 T€	1.139 €
Gesamtkosten	199.139 €
Vorteil gegenüber Lieferantenkredit:	861 €

Alternative 2:

Vergleich der Zinssätze

Implizierter Jahreszinssatz des Lieferantenkredits:

$$i = 1\% \frac{365}{21} = 17,38\%$$

Vorteil unter Berücksichtigung Bankkredit = 17,38 % – 10 % = 7,38 %

Vorteil absolut = 198.000 € × 7,38 % $\frac{21}{365}$ = 841 € – was näherungsweise dem Ergebnis oben entspricht.

Hinweis:

Präziser ist es, bei der Ermittlung des implizierten Jahreszinssatzes die Basis der Zinsberechnung (d. h. den skontierten Betrag) zu berücksichtigen:

$$i = 1\,\%\frac{100\,\%}{99\,\%}\frac{365}{21} = 17,56\,\%$$

Das ergibt dann exakt den absoluten Vorteil von 861 €.

Aufgabe 3: Bohr-Handels-GmbH

Bob Kohle ist Gesellschafter-Geschäftsführer der Bohr-Handels-GmbH und beliefert Maschinenbauer mit Spiralbohrern und Diamantschleifsteinen. Er kauft im Herbst aus einer Insolvenz erstklassige Standard-Spiralbohrer für 100 T€ und Diamantschleifsteine für 200 T€. Im Frühjahr des Folgejahres macht er seine Bilanz.

- *Der Preis für Standard-Spiralbohrer ist gestiegen, so dass er am 31.12. und danach die erworbenen Spiralbohrer mit sehr guten Argumenten zu 120 T€ verkaufen könnte.*
- *Aufgrund der Russland- und Afrikakrise geraten die Diamantschleifsteine unter starken Preisdruck. Deren Marktpreis fällt unaufhaltsam: Der Wert der Diamantschleifsteine am 31.12. sinkt auf 98 T€, im Februar des Folgejahres sogar auf 88 T€. Bob Kohle hortet die Schleifsteine, weil er glaubt, dass sich die Preise irgendwann erholen.*

a) *Mit welchen Werten stehen die Standard-Spiralbohrer und die Diamantschleifsteine in der Handels- und Steuerbilanz der Bohr-Handels-GmbH? Begründung!*

Standard-Spiralbohrer:

Hier gilt das Realisationsprinzip (§ 252 Abs. 1 Nr. 4), d. h. der Gewinn darf erst verbucht werden, wenn er auch realisiert ist. Der Wertansatz zum 31.12. bleibt bei den Anschaffungskosten von 100 T€. Zudem gilt das Anschaffungskostenprinzip: Die Anschaffungskosten bilden gemäß § 253 Abs. 1 die Wertobergrenze für Vermögensgegenstände.

Diamantschleifsteine:

Hier gilt das Imparitätsprinzip (s. o.), d. h. Verluste sind bereits zu erfassen, wenn sie wahrscheinlich sind, nicht erst bei Realisierung. Konkretisiert wird dies durch das strenge Niederstwertprinzip, das für das Umlaufvermögen gilt (§ 253 Abs. 4). Demzufolge ist auf den niedrigeren Marktwert am Bilanzstichtag abzuschreiben, d. h. auf 98 T€. Der noch niedrigere Wert im Februar darf aufgrund des Stichtagsprinzips nicht verwendet werden.

b) *Die Bohr-Handels-GmbH ist eine „kleine Kapitalgesellschaft". Wer ist „Herr des Wertansatzes", konkret wer bestimmt und prüft den Wertansatz?*

Die Geschäftsführung der GmbH bestimmt den Wertansatz bei der Aufstellung des Jahresabschlusses, da dies Teil ihrer unternehmerischen Verantwortung ist. Da eine kleine Kapitalgesellschaft nicht prüfungspflichtig ist, gibt es keine vorgeschriebene Überprüfung des Wertansatzes.

Hinweis:

Eine freiwillige Abschlussprüfung, z. B. auf Wunsch der Gesellschafter, ist möglich.

c) *Wer stellt den Jahresabschluss der Bohr-Handels-GmbH fest?*

Die Feststellung erfolgt grundsätzlich durch die Gesellschafterversammlung der GmbH (sofern der Gesellschaftsvertrag keine abweichende Regelung trifft).

Aufgabe 4: Ökowind AG

Die Ökowind AG investiert in regenerative Energiegewinnungsanlagen. Für ein geräuscharmes, relativ kurzlebiges Windrad (Prototyp mit einer Nutzungsdauer von 5 Jahren) liegen eine Baugenehmigung und die Einspeisezusage (Abnahmegarantie) der Stadtwerke vor. Von folgenden Ausgangsdaten ist auszugehen:

- *Energieertrag pro Jahr (mind. 5 Jahre lang) 4 Mio. kWh*
- *Geschätzter Erlös je Kilowattstunde 0,2 €*
- *Investitionssumme 1,5 M€*
- *Einmalige Strukturbeihilfe 200 T€ (Sofortzuschuss des Landes bei Kauf)*

Mit folgenden Kosten ist zu rechnen:

- *Man rechnet, dass zu Ende des 4. Jahres eine Sonderreparatur (Getriebeaustausch) fällig wird. Kosten hierfür 200 T€.*
- *Jährliche Kosten der Verwaltung und Instandhaltung (ohne Abschreibung und obige Sonderreparatur): 30 % der Investitionssumme.*
- *Regelabschreibung 20 % (Nutzungsdauer 5 Jahre).*
- *Es wird damit gerechnet, dass Teile des Windrades nach 5 Jahre wiederverwertet werden können und dabei ein Restwert von mindestens 200 T€ erzielt werden kann.*

a) *Ermitteln Sie die jährlichen Zahlungsströme in T€, wenn die Überschüsse vereinfacht am Jahresende gebucht werden. Zur Lösung dieser Aufgabe muss man neben der periodengerechten Zuordnung erkennen, dass die Abschreibungen keinen Zahlungsmittelabfluss bedeuten und daher hier nicht relevant sind.*

Nach Sachverhalten ergibt sich:

Tab. 63. Zahlungsflüsse Ökowind AG – Zuordnung Sachverhalte.

Jahre	Auszahlungen Sachverhalt	Einzahlungen Sachverhalt
Jahr 0	Investitionssumme	Strukturbeihilfe
Ende Jahr 1	Jährliche Kosten für Verwaltung und Instandhaltung	Einspeiseerlöse
Ende Jahr 2	Wie Jahr 1	Wie Jahr 1
Ende Jahr 3	Wie Jahr 1	Wie Jahr 1
Ende Jahr 4	Wie Jahr 1 + Getriebetausch	Wie Jahr 1
Ende Jahr 5	Wie Jahr 1	Wie Jahr 1 + Restwert

Damit ergibt sich in T€:

Tab. 64. Zahlungsflüsse Ökowind AG – Werte.

Jahre	Auszahlungen in T€	Einzahlungen in T€	Überschüsse in T€
Jahr 0	1.500	200	−1.300
Ende Jahr 1	450	800	350
Ende Jahr 2	450	800	350
Ende Jahr 3	450	800	350
Ende Jahr 4	650	800	150
Ende Jahr 5	450	1.000	550

b) *Rechnet sich das Vorhaben nach der dynamischen (Kapitalwert-)Methode? Der Betreiber erwartet eine Mindestrendite von 8 %. Runden Sie auf T€!*
Berechnet man mit den unter a) ermittelten Zahlungsflüssen einen Kapitalwert mit einem Kalkulationszinssatz in Höhe von 8 %, so ergibt sich:

$$K_0 = -1.300 + \frac{350}{1,08^1} + \frac{350}{1,08^2} + \frac{350}{1,08^3} + \frac{150}{1,08^4} + \frac{550}{1,08^5}$$

$$K_0 = -1.300 + 324 + 300 + 278 + 110 + 374 = +86$$

Der Kapitalwert ist mit 86 T€ positiv, d. h. die erwartete Mindestrendite wird übertroffen – die Investition ist rentabel.

Aufgabe 5: Franz Grabmeier e. K. (Gartenbau)

Der 45-jährige Kaufmann und Gartendesigner Franz Grabmeier e. K. hat sich vor acht Jahren selbstständig gemacht und betreibt ein Gartenbaugeschäft (Gestaltung und Handel). Zuvor war er Zeitsoldat. Die bisherigen Einkünfte wurden ins Eigenheim mit großem Vorplatz, Schuppen und Garagen investiert. Das Unternehmen ist in der Region etabliert, der Geschäftsverlauf ist „gut", Franz Grabmeier ist für seine unkomplizierte Art und seine Ideen bekannt. Das Unternehmen wächst kontinuierlich (Planumsatz in 20X2: 650 T€).

Der Jahresabschluss (gerundet) für die letzten zwei Jahre X1 und X0 stellt sich wie folgt dar:

Tab. 65. Bilanz Franz Grabmeier e. K. (Lösung).

Kurzbilanz von Franz Grabmeier e. K. der letzten zwei Jahre (gerundet):

Aktiva	X0	X1	Passiva	X0	X1
Grundstück	25	25	Eigenkapital	70	100
Sachanlagen/Masch.	130	100	Rückstellungen	5	5
Vorräte	20	15	Bankschulden	110	80
Forderungen	20	80	VB aus L+L	10	30
Kasse	5	0	sonstige VB	5	5
Bilanzsumme	200	220	Bilanzsumme	200	220

Tab. 66. GuV Franz Grabmeier e. K. (Lösung).

Gewinn- und Verlustrechnung	Jahr X0	Jahr X1
Umsatzerlöse	580	615
– Materialaufwand	220	240
– Personalaufwand	180	190
– Abschreibungen	30	30
– Miete/Raumaufwend.	5	5
– Werbeaufwand	5	5
– KFZ und Reparaturen	30	20
– sonst. betriebliche Aufwendungen	20	20
– Zinsaufwand	5	5
= Gewinn	85	100

Erläuterungen:

- **Maschinen:** keine Anschaffungen in X0 und X1
- **Rückstellungen** in beiden Jahren: für Urlaub 2 T€, Jahresabschlussarbeiten 2 T€, Steuer 1 T€
- **sonstige kurzfristige Schulden** in beiden Jahren: Steuern 2 T€, sonstige 3 T€
- **sonstige betriebliche Aufwendungen** in beiden Jahren: Versicherungen 5 T€, Beiträge 5 T€, Steuerberater 5 T€, Sonstiges 5 T€
- **Entnahmen in 20X0:** allgemein inkl. Steuern 45 T€; Versicherungen 10 T€, davon Rentenversicherung 8 T€
- **Entnahmen in 20X1:** allgemein inkl. Steuern 50 T€; Versicherungen 10 T€, davon Rentenversicherung 8 T€

Fragen zum Jahresabschluss

5.1 *Ihr Kommilitone hat Zweifel, ob die Bilanzgliederung und der relativ kurze Jahresabschluss von Franz Grabmeier e. K. rechtmäßig sind. Bestehen die Zweifel an der Ordnungsmäßigkeit des Jahresabschlusses zu Recht?*

Als Einzelunternehmer gelten für Franz Grabmeier nur die allgemeinen Gliederungsgrundsätze gemäß § 247 und nicht die Regelungen für Kapitalgesellschaften gemäß § 266 und § 275. Die Gliederung entspricht den gesetzlichen Anforderungen.

5.2 *Ein Garten eines Kunde ist halbfertig, der Kunde möchte 2 T€ anzahlen. Wie kann die Anzahlung verbucht werden?*

Die Anzahlung ist als Verbindlichkeit zu verbuchen oder kann offen von den Vorräten abgesetzt werden.

Der Buchungssatz lautet:

Soll Bankguthaben   2 T€
          Haben erhaltene Anzahlungen   2 T€

Ausweis:

Aktivseite: Bankguthaben 2 T€
Passivseite: Erhaltene Anzahlungen 2 T€
oder
Aktivseite: Erhaltene Anzahlungen −2 T€ (offenes Absetzen von den Vorräten)

5.3 *Im neuen Jahr möchte Franz Grabmeier e. K. einen alten Bagger, der bereits voll abgeschrieben ist, zu 3 T€ „bar" verkaufen. Welche Posten der Bilanz und GuV sind betroffen? Wie lautet der Buchungssatz (ohne Umsatzsteuer)?*

Wertmäßig werden nur die Posten Kasse/Bank und sonstige betriebliche Erträge betroffen; im Anlagevermögen gibt es keine wertmäßige Änderung, da der Bagger bereits abgeschrieben ist.

Soll Kasse/Bank   3 T€
          Haben sonstige betriebliche Erträge   3 T€

Hinweis:

Rein buchungstechnisch wird auch das Anlagevermögen betroffen sein, da der Bagger – auch wenn sein Wert bereits 0 ist – noch ausgebucht werden muss, d. h. es gibt einen Anlagenabgang mit Buchwert 0.

Auch wenn der Verkauf im bilanziellen Anlagevermögen nicht erscheint, ist der Vorgang im Anlagespiegel darzustellen. Dort sind daher auch für diesen Abgang entsprechende Wertänderungen bei den historischen Anschaffungskosten und bei den kumulierten Abschreibungen zu sehen.

5.4 *Was könnte sich unter dem Bilanzposten „sonstige Verbindlichkeiten" verstecken? Erläutern Sie kurz diesen Posten und nennen sie zwei Fallbeispiele hierfür!*

Die sonstigen Verbindlichkeiten sind – wie die sonstigen Vermögensgegenstände – ein Auffangposten, dem alles zuzuordnen ist, was zwar eine Verbindlichkeit ist, aber keiner anderen Verbindlichkeitsposition zugeordnet werden kann.

Typische Beispiele sind:
- Verbindlichkeiten gegenüber dem Finanzamt bzw. aus Steuern
- Verbindlichkeiten gegenüber den Mitarbeitern bzw. den Sozialkassen
- Verbindlichkeiten aus Miet- und Leasingverträgen
- Verbindlichkeiten aus Zinsabgrenzungen (soweit es keine Bankverbindlichkeiten sind)
- Verbindlichkeiten gegenüber Kunden (sog. Kreditorische Debitoren)

5.5 *In jedem Jahr zahlen Kunden immer wieder nur schleppend, ganz wenige gar nicht. Wie findet dieser Sachverhalt im Jahresabschluss seine angemessene Berücksichtigung. Differenzieren Sie.*

Entsprechend dem strengen Niederstwertprinzip müssen Forderungen aus Lieferungen und Leistungen am Abschlussstichtag mit dem niedrigeren beizulegenden Wert bewertet werden, wenn ein Zahlungsausfall oder eine Zahlungsverzögerung wahrscheinlich ist (§ 253 Abs. 4).

Dazu werden bei Forderungen typischerweise zunächst entsprechend dem Grundsatz der Einzelbewertung Einzelwertberichtigungen gebildet, d. h. wenn für eine spezifische Forderung konkrete Risiken bekannt sind und ein geringerer Zahlungseingang oder ein Zinsverlust aufgrund späterer Zahlung erwartet wird, so ist dieser niedrigere Wert anzusetzen. Nur im Fall eines sicheren Forderungverlusts kann auch die Umsatzsteuer korrigiert werden.

In einem zweiten Schritt werden dann für alle nicht einzelwertberichtigten Forderungen Pauschalwertberichtigungen gebildet, die in der Regel auf Erfahrungswerten beruhen.

Vereinfachte Jahresabschlussanalyse

5.6 *Ertragslage: Bestimmen Sie die wichtigsten Renditen von Franz Grabmeier e. K. und bewerten Sie das Ergebnis kurz und prägnant.*

Eigenkapitalrendite (Return on equity ROE):

$$\text{ROE} = \frac{\text{Gewinn}}{\text{Eigenkapital}} = \frac{100}{100} = 100\,\% \ (\text{Vorjahr } \frac{85}{70} = 121\,\%)$$

Gesamtkapitalrendite (Return on assets ROA):

$$\text{ROA} = \frac{\text{Gewinn} + \text{Zinsaufwand}}{\text{Bilanzsumme}} = \frac{105}{220} = 47,7\,\% \ (\text{Vj.} \frac{90}{200} = 45,0\,\%)$$

Umsatzrendite (Return on sales ROS):

$$\text{ROS} = \frac{\text{Gewinn}}{\text{Umsatz}} = \frac{100}{615} = 16,3\,\% \ (\text{Vorjahr } \frac{85}{580} = 14,7\,\%)$$

Alle Werte sind sehr hoch; Gesamtkapitalrendite und Umsatzrendite haben im Vergleich zum Vorjahr zugenommen. Die Eigenkapitalrendite hat zwar abgenommen, aber nur weil der Gewinn weniger stark gestiegen ist als das Eigenkapital,

d. h. der Gewinn ist gestiegen und das Eigenkapital auch, was beides für sich genommen positiv ist.

Zusammengefasst einen außerordentlich gute und stabile Ertragslage.

Hinweis:

Da es sich um ein Einzelunternehmen handelt, wurde der Begriff „Gewinn" verwendet: § 275 ist nicht anzuwenden. Bei einer Kapitelgesellschaft wäre der richtige Begriff „Jahresüberschuss".

5.7 *Ertragslage: Stellen Sie den Leverage-Effekt dar, wenn die Hausbank für Kredite etwa 5 % Zinsen verlangt.*

Der Leverage-Effekt besagt, dass unter der Bedingung, dass die Gesamtkapitalrendite größer als die Verzinsung des Fremdkapitals ist, eine Erhöhung der Verschuldung (d. h. Substitution von Eigenkapital durch Fremdkapital) zu einer höheren Eigenkapitalrendite führt.

$$R_{EK} = R_{GK} + \frac{FK}{EK}(R_{GK} - i)$$

wobei

R_{EK} = Eigenkapitalrendite in %

R_{GK} = Gesamtkapitalrendite in %

FK = (absoluter Wert des) Fremdkapital

EK = (absoluter Wert des) Eigenkapital

i = (durchschnittlicher) Fremdkapitalzinssatz in %

Wenn man nun z. B. 50 T€ Eigenkapital durch 50 T€ Fremdkapital ersetzt, müsste die Eigenkapitalrendite steigen, da die Gesamtkapitalrendite mit 47,7 % deutlich über der Fremdkapitalverzinsung mit 5 % liegt.

$$R_{EK} = R_{GK} + \frac{FK}{EK}(R_{GK} - i) = 47{,}7\,\% + \frac{120 + 50}{100 - 50}(47{,}7\,\% - 5\,\%) = 193\,\%$$

Wie erwartet liegt die neue Eigenkapitalrendite mit 193 % deutlich über der bisherigen mit 100 %.

5.8 *Kapitaldienstfähigkeit: Bestimmen Sie die Kapitaldienstfähigkeit und bewerten Sie das Ergebnis kurz und prägnant.*

Tab. 67. Kapitaldienstfähigkeit Franz Grabmeier e. K.

In T€	2014	2013
Gewinn vor Steuern	100	85
+ Abschreibungen	30	30
+/– Veränderung der Rückstellungen	0	0
+ Zinsaufwand	5	5
Vereinfachter Cash Flow nach Bankart	**135**	**120**
– Entnahmen	–60	–55
Kapitaldienstgrenze	**75**	**65**

Der vereinfachte Cash Flow nach Bankart wird auch als erweiterter Cash Flow nach Bankart bezeichnet.

Die Kapitaldienstgrenze zeigt, dass neben dem aktuellen Zinsaufwand von 5 T€ erhebliche Tilgungen geleistet werden können. Von 20X0 auf 20X1 haben die Bankverbindlichkeiten um 30 T€ abgenommen; neben dieser Nettorückzahlung (zu einzelnen Tilgungen und ggf. Neuaufnahmen liegen keine weiteren Informationen vor) besteht noch weiteres Tilgungspotenzial, sodass eine Bank keine Bedenken gegen eine Kreditgewährung haben dürfte.

5.2.2 Lösungen zu Klausur 2

Aufgabe 1

Die richtigen Antworten sind:

1. a, d, e
2. e
3. a, b, c, d
4. e
5. b
6. c

Aufgabe 2: Grundlagenaufgabe

2.1 *Grundsätze ordnungsmäßiger Buchführung (GoB)*
   Im Folgenden finden Sie drei wichtige Einzelbeispiele der GoB. Ergänzen Sie treffend
   für Nummer 2 und 3 die fehlenden (offenen) vier Felder analog zum Beispiel Nr. 1.

Tab. 68. Bilanzierungsprinzipien (Lösung).

Nr.	§ im HGB	Kurzbezeichnung	Kurzerklärung
1	§ 252 Abs. 1	*Bilanzidentität*	*Die Eröffnungsbilanz eines Jahres muss mit der Schlussbilanz des Vorjahres übereinstimmen.*
2	§ 246 Abs. 2 § 252 Abs. 1	*Saldierungsverbot*	Aktiva dürfen nicht mit Passiva verrechnet werden. Aufwendungen dürfen nicht mit Erträgen verrechnet werden
3	§ 246 Abs. 3 § 252 Abs. 1	Prinzip der (materiellen) Stetigkeit	*Bewertungsmethoden der Vergangenheit sind beizubehalten.*

2.2 *Richtiger GuV-Posten*
   Die Motor AG wendet das Gesamtkostenverfahren an. Geben Sie für Nummer 2 bis 5
   den richtigen GuV-Posten an (siehe Beispiel Nr. 1).

Tab. 69. GuV-Posten (Lösung).

Nr.	Geschäftsvorfall	GuV-Posten
1	*Einsatz von Material*	*Aufwand: Materialaufwand*
2	*Verkauf von Dieselmotoren*	Ertrag: Umsatzerlöse
3	*Vermietung von Werkswohnungen*	Ertrag: Sonstige betriebliche Erträge
4	*Auflösung einer (letztlich grundlosen) Rückstellung*	Ertrag: Sonstige betriebliche Erträge
5	*Neue Wertberichtigung für eine Forderung*	Aufwand: Sonstiger betrieblicher Aufwand

2.3 Forderungen im Umlaufvermögen

Was sind Pauschalwertberichtigungen? Warum werden diese gebildet?

Forderungen sind – wie das gesamte Umlaufvermögen – am Bilanzstichtag entsprechend dem strengen Niederstwertprinzip auf Werthaltigkeit zu überprüfen. Entsprechend dem Grundsatz der Einzelbewertung sind zunächst die den einzelnen Forderungen konkret zuzuordnenden Risiken in Einzelwertberichtigungen zu berücksichtigen.

Ist das erfolgt oder liegen keine Einzelrisiken vor, so kann zusätzlich ein allgemeines, auf Erfahrungssätzen beruhendes Forderungsrisiko mittels einer Pauschalwertberichtigung berücksichtigt werden.

Hinweis:

Einzel- und Pauschalwertberichtigungen sind nicht additiv, d. h. pro Forderung gibt es entweder eine Einzelwertberichtigung oder eine Pauschalwertberichtigung. Zudem darf die geschuldete Umsatzsteuer nur bei einem sicheren Forderungsverlust wertberichtigt werden. Demzufolge ist die Basis für die Pauschalwertberichtigungen der Nettoforderungsbestand nach Abzug der bereits einzelwertberichtigten Forderungen.

2.4 Periodenabgrenzung

Ein Elektrogroßhändler bestellt Anfang Dezember bei einem Exporteur für eine Faschingsgesellschaft 200 Kopfhörer zum Festpreis von 50 € pro Stück mit Fix-Lieferung zum 03. 02.

(a) *Am 31.12. (Bilanzstichtag) wird der Kopfhörer am Markt zu 60 € pro Stück gehandelt. Welche Konsequenzen hat dies für den Jahresabschluss des Elektrogroßhändlers? Bitte kurz begründen!*

Aus diesem Geschäft resultieren keine im Jahresabschluss zu berücksichtigenden Konsequenzen: es handelt sich um ein schwebendes Geschäft, bei dem keine der Vertragsparteien bislang ihren Verpflichtungen nachgekommen und aufgrund des Marktpreises kein Verlust aus dem Geschäft zu erwarten ist. Der zu erwartende Gewinn darf noch nicht verbucht werden, da er noch nicht realisiert ist (Realisationsprinzip, § 252 Abs. 1 Nr. 4).

(b) *Am 31. 12. (Bilanzstichtag) wird der Kopfhörer am Markt zu 40 € pro Stück gehandelt. Welche Konsequenzen hat dies für die Handels- und Steuerbilanz des Elektrogroßhändlers? Bitte kurz begründen!*

Aufgrund des Imparitätsprinzips sind Verluste bereits zu erfassen, wenn sie entstanden sind, nicht erst bei Realisierung. Da hier ein Verlust von 10 € pro Stück, d. h. insgesamt von 2.000 € zu erwarten ist, muss eine Rückstellung für drohende Verluste aus schwebenden Geschäften gebildet werden.

Eine Drohverlustrückstellung darf in der Steuerbilanz nicht gebildet werden. Der steuerliche Gewinn ist somit um den erwarteten Verlust (=künftigen Aufwandsüberschuss) höher.

Hinweis:

Wäre die Lieferung bereits erfolgt, d. h. hätte der Händler die Kopfhörer als Vorräte im Bestand, so wären zunächst die Vorräte auf den niedrigeren Marktwert abzuwerten (strenges Niederstwertprinzip); erst wenn durch der zu erwartende Verlust nicht durch den Buchwert der Vorräte gedeckt werden kann, ist für den Restbetrag eine Drohverlustrückstellung zu bilden.

2.5 *Lückentext – Setzen Sie einen passenden Begriff ein.*

Die Anschaffungs- oder Herstellungskosten sind eine Grundlage für die Bewertung von Vermögensgegenständen. Einerseits bilden sie nach dem HGB die Obergrenze *für die Bewertung der Gegenstände, andererseits bilden sie die Abschreibungsbasis. Gegenstände, die ein Unternehmen von Dritter Seite beschafft, sind zunächst mit den* Anschaffungskosten *zu bewerten. Gegenstände, die im Unternehmen selbst hergestellt werden, sind mit den Herstellungskosten zu bewerten. Dabei dürfen* Vertriebskosten *und* Forschungskosten *(alternativ: kalkulatorische Kosten) nicht in die Herstellungskosten einbezogen werden.*

2.6 *Systematisierung der Finanzierungsformen*

Setzen Sie – analog dem mittleren Feld „Abschreibungsfinanzierung" – für die freien vier Felder je einen passenden Begriff bzw. ein Beispiel ein.

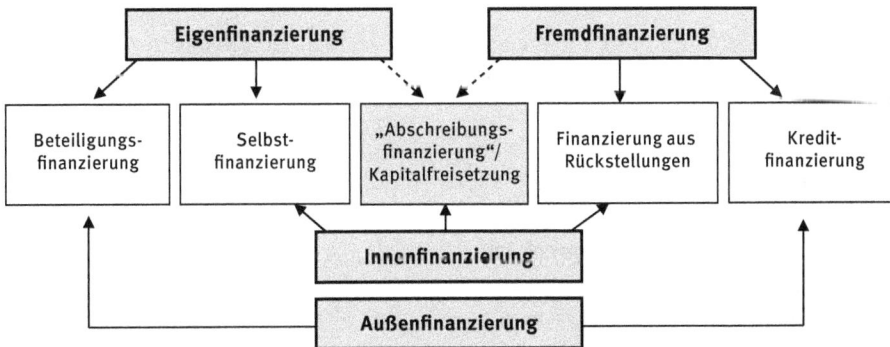

Abb. 2. Systematisierung von Finanzierungsformen (Lösung).

Beispiele:

- Beteiligungsfinanzierung: Kapitalerhöhung einer AG
- Selbstfinanzierung: Einstellung eines Teils des Gewinns in die Gewinnrücklagen
- Finanzierung aus Rückstellungen: z. B. langfristig durch Pensionszusagen, die zu einer Pensionsrückstellung führen
- Kreditfinanzierung: Aufnahme eines Bankkredits oder Nutzung von Lieferantenkrediten

2.7 *Dynamische Investitionsrechnung*
Claire Werk erwirbt ein neues Filtersystem für Schmutzwasser von einem Konkurrenten. Das System kostet 50.000 € und bringt mit guten Argumenten – drei Jahre lang – zum jeweiligen Jahresende 20.000 €, dann 25.000 € und zuletzt 10.000 € Einzahlungsüberschüsse. Danach läuft für das neue Filtersystem die Genehmigung aus.

(a) *Rechnet sich für Claire das Filtersystem, wenn man mit 6 % Zinsen kalkuliert?*
in €:

$$K_0 = -50.000 + \frac{20.000}{1{,}06^1} + \frac{25.000}{1{,}06^2} + \frac{10.000}{1{,}06^3}$$

$$= -50.000 + 18.868 + 22.250 + 8.396 = -486$$

Der Kapitalwert ist kleiner als 0, d. h. das Investitionsvorhaben rechnet sich bei 6 % nicht, bzw. verdient nicht den Kalkulationszinssatz von 6 %.

(b) *Angenommen der Kaufpreis ist nur ein Circa-Wert. Wie hoch wäre für Claire der maximale Kaufpreis (Break-Even-Wert), wenn der Mindestzins 5 % betragen soll?*

Break-Even-Wert = der Kaufpreis, der exakt dem Barwert der abgezinsten Zuflüsse entspricht bzw. der Preis, bei dem der Kapitalwert 0 wird.
Barwert der abgezinsten Zuflüsse:

$$\text{Barwert} = +\frac{20.000}{1{,}05^1} + \frac{25.000}{1{,}05^2} + \frac{10.000}{1{,}05^3} = 19.048 + 22.676 + 8.638 = 50.362$$

Bei einem Kaufpreis von höchstens 50.362 € rechnet sich das Investitionsvorhaben bei 5 % gerade noch (Kapitalwert 0).

2.8 *Vorteile beim Leasing von Maschinen*
Nennen Sie kurz in Schlagwörtern Vorteile für ein Unternehmen, wenn es einen Maschinenpark „least" statt „kauft".

1. Anfänglicher positiver Liquiditätseffekt, da keine Kaufpreiszahlung als Einmalauszahlung erforderlich ist.
2. Finanzieller Spielraum, da ein Leasingvertrag in der Regel nicht auf Kreditlinien angerechnet wird, kein Eigenkapital erforderlich ist und keine Sicherheiten (außer dem Leasinggegenstand) gestellt werden müssen.
3. Synchrone Finanzierung, da der Aufwand aus den Leasingraten entsprechend der Nutzung entsteht (Pay-as-you-Earn-Prinzip).

4. Moderner Maschinenpark durch kurze Nutzungsdauern, sofern es sich eher um einen kurzlaufenden Operating-Leasing-Vertrag handelt.
5. Leasingraten sind handelsrechtlich und steuerlich Aufwand.
6. Bilanz- und Kennzahleneffekte, sofern der Leasinggegenstand beim Leasinggeber bilanziert wird (geringere Bilanzsumme, bessere EK-Quote).

Aufgabe 3: Bilanzierung des Umlaufvermögens/Forderungen
Maria Heilig e. K. leitet einen Großhandel für Heiligenfiguren. Zum 31. 12. 20X1 weist das Debitorenkonto (Forderungen) einen Saldo von 678.300 € aus. Es gibt folgende Besonderheiten:

– *Einem „südamerikanischen Laden" auf der Nordseeinsel Amrum wurden Marienfiguren für brutto 11.900 € verkauft. Die Rechnung ist längst fällig, alle Mahnungen kommen mit dem Vermerk „unbekannt verzogen" zurück. Wer genau Inhaber des Ladens ist, lässt sich nicht eindeutig klären. Ein Anwalt rät mit guten Argumenten von weiteren Vollstreckungsversuchen ab.*
– *Der Kunde Meier aus Ettlingen hat Ende Dezember 20X1 sein ganzes Vermögen in Baden-Baden verspielt. Er sitzt derzeit in der Psychiatrie. Es ist sehr unwahrscheinlich, dass er die offene Rechnung in Höhe von 3.808 € brutto bezahlen kann.*
– *Bei der Kundin Hinterwald GmbH ist ein Insolvenzverfahren eröffnet worden. Die Insolvenzquote ist noch offen, wird aber auf 40 % geschätzt. Die Forderung beträgt 3.570 € brutto.*
– *In den letzten Jahren wurde eine 3%ige Pauschalwertberichtigung auf Forderungen gebildet und vom Finanzamt anstandslos akzeptiert.*

Fragen:
a) *Maria Heilig stellt im März 20X2 ihren Jahresabschluss auf. Mit welchem Wert stehen die Forderungen in der Bilanz? Bitte beurteilen Sie die Besonderheiten, differenzieren Sie (Einzelwertberichtigung, Pauschalwertberichtigung und Umsatzsteuerberichtigung) und leiten Sie davon den Bilanzwert nachvollziehbar ab!*
Einzelwertberichtigungen: Beurteilung von konkreten Risiken für einzelne Forderungen; sofern ein sicherer Forderungsverlust eintritt, kann auch die Umsatzsteuer korrigiert werden. D. h.:
– Forderungsverlust bei dem südamerikanischen Laden: 100 % Wertberichtigung mit Umsatzsteuerkorrektur
– Forderungsverlust bei Kunde Maier: 100 % Wertberichtigung mit Umsatzsteuerkorrektur
– Forderungsverlust bei Hinterwald GmbH: 60 % Wertberichtigung, keine Umsatzsteuerkorrektur
Auf alle nicht einzelwertberichtigten Forderungen wird dann noch eine Pauschalwertberichtigung von 3 % berechnet.

Tab. 70. Wertberichtigung von Forderungen.

In €	Bruttowert	Nettowert	Wertberichtigung
Forderungsbestand	678.300	570.000	
Einzelwertberichtigungen			
Südam. Laden	11.900	10.000	11.900
Herr Maier	3.808	3.200	3.808
Hinterwald GmbH	3.570	3.000	1.800
Pauschalwertberichtigungen			
Nicht einzelwertberichtigte Nettoforderungen		553.800	
× 3 %			16.614
Summe Wertberichtigungen			**34.622**
Bilanzansatz			
Bruttoforderungen	678.300		
Abzgl. Wertberichtigungen	−34.622		
Bilanzansatz 31. 12. 20X1	**643.678**		

b) *Frist: In welchem Zeitraum muss Maria Heilig ihren Jahresabschluss erstellen?*
Nach § 243 Abs. 3 ist der Jahresabschluss innerhalb einer dem ordnungsmäßigem Geschäftsgang entsprechenden Zeit aufzustellen; dies wird im Allgemeinen als 12 Monatszeitraum ausgelegt.

Aufgabe 4: Kreditfinanzierung (Zins- und Tilgungsplan; Kreditablauf; Kapitaldienst)
Ein Stuttgarter Bestatter möchte eine Produktinnovation – das „Rundum-sorglos-Grab" – auf den Markt bringen. Immer mehr Nachkommen haben für die Grabpflege keine Zeit. Das „Rundum-sorglos-Grab" ist eine kommunikationsfähige Grabstelle mit einem Rahmen aus nichtrostendem Stahl, einem Bewässerungssystem, das die Erde über drei Monate feucht hält und einem Sonnenenergiesystem, das ewiges Licht speist. Über eine integrierte Grabfotokamera kann man jederzeit auf das Grab zugreifen und per Mausklick eine Kerze anzünden und Lieder anstimmen. Zur Deckung der ersten Produktion bzw. Vermarktung (Mitarbeiter, Maschinen, Material, vor allem aber für neue Vertriebs- und Marketinginstrumente) braucht der Bestatter gut begründet 150 T€, wovon er 50 T€ Eigenkapital einbringen kann. Den Rest – 100 T€ – will er vier Jahre finanzieren.

Hinsichtlich der Tilgung diskutiert er mit seiner Hausbank unterschiedliche Tilgungsvarianten, insbesondere die endfällige Tilgung und die Annuitätentilgung. Die Bank bietet einen effektiven Zinssatz von 4 %.
a) *Wie sieht jeweils der Zins- und Tilgungsplan aus? Füllen Sie die Tabellen aus!*

Modell Endfälliges Darlehen (Werte jeweils in €):

Tab. 71. Zahlungsplan endfällige Tilgung (Lösung).

Jahr	Zins	Tilgung	Rate	Restschuld
0	–	–	–	100.000
Ende J 1	4.000	0	4.000	100.000
Ende J 2	4.000	0	4.000	100.000
Ende J 3	4.000	0	4.000	100.000
Ende J 4	4.000	100.000	104.000	0
Summe	16.000	100.000	116.000	

Modell Annuitätendarlehen (Werte jeweils in €):
Bestimmen Sie die Rate nach der Kapitalwertmethode. Wenn Sie sie nicht berechnen können, nehmen Sie als Rate 28 T€.

$$K_0 = \frac{A}{1{,}04^1} + \frac{A}{1{,}04^2} + \frac{A}{1{,}04^3} + \frac{A}{1{,}04^4} = A\left(\frac{1}{1{,}04^1} + \frac{1}{1{,}04^2} + \frac{1}{1{,}04^3} + \frac{1}{1{,}04^4}\right)$$

$$A = \frac{K_0}{\left(\frac{1}{1{,}04^1} + \frac{1}{1{,}04^2} + \frac{1}{1{,}04^3} + \frac{1}{1{,}04^4}\right)} = \frac{100.000}{0{,}9615 + 0{,}9246 + 0{,}8890 + 0{,}8548}$$

$$= 27.550$$

Tab. 72. Zahlungsplan Annuitätentilgung (Lösung).

Jahr	Zins	Tilgung	Rate	Restschuld
0	–	–	–	100.000
Ende J 1	4.000	23.550	27.550	76.450
Ende J 2	3.058	24.492	27.550	51.958
Ende J 3	2.078	25.472	27.550	26.486
Ende J 4	1.059	26.486	27.545	0
Summe	10.195	100.000	110.195	

b) *Wenn Sie den Bestatter beraten, welche Methode würde Sie aus betriebswirtschaftlicher Sicht vorschlagen? Warum?*
Banksicht:
Sofern der Bestatter wenigstens kostendeckend arbeitet, d. h. die Abschreibungen für die Investitionen verdient werden, sollte die Tilgung wenigstens den Abschreibungen entsprechen, da dies das Risiko des Kredits reduziert und keine zusätzliche Belastung der Liquidität (Nutzung der verdienten Abschreibungen) darstellt.

Unternehmenssicht:

Ein endfälliges Darlehen stellt ein höheres Refinanzierungsrisiko dar, da auf einmal ein großer Betrag abfließt und ggf. refinanziert werden muss (wenn die verdienten Abschreibungen bereits in andere Investitionen reinvestiert wurden). Daher ist auch aus Unternehmenssicht ein regelmäßig zu tilgendes Darlehen zur Risikoreduzierung vorzuziehen.

c) *Angenommen, die Hausbank hat Interesse an der Kreditvergabe. Wie sähe der Kreditablauf aus? Skizzieren Sie den schematischen Ablauf der Kreditierung (Kreditverfahren) kurz und prägnant!*

Schritt 1: Der Kreditnehmer stellt einen Kreditantrag.

Schritt 2: Ermittlung des Kreditbedarfs, hier 100 T€.

Schritt 3: Offenlegung der wirtschaftlichen Verhältnisse; aufgrund der Kredithöhe ist 18 KWG nicht einschlägig. Offenzulegen sind daher Unterlagen nach banküblicher Praxis, dies sind insbesondere die Jahresabschlüsse der letzten 3 Jahre sowie ein Business-Plan für die Investition.

Schritt 4: Kreditwürdigkeitsprüfung in persönlicher und materieller Hinsicht sowie Prüfung möglicher Sicherheiten.

Schritt 5: Kreditvertrag/Kreditgewährung.

Schritt 6: Kreditüberwachung.

d) *Kreditwürdigkeit/Kapitaldienstfähigkeit*

–   *Im Zentrum der Kreditwürdigkeitsprüfung steht die Feststellung der Kapitaldienstfähigkeit (KDF). Definieren Sie die KDF in einem Satz!*
    Kapitaldienstfähigkeit bedeutet, dass der Kreditnehmer jederzeit in Lage ist seinen Verpflichtungen aus dem Kreditvertrag, insbesondere Zins- und Tilgungszahlungen fristgerecht nachzukommen.

–   *Das folgende Schema der KDF ist lückenhaft. Ergänzen Sie die fehlenden vier Begriffe – jeweils in der „… Lücke" – mit dem treffenden Fachbegriff!*
    Gewinn vor Steuern

+ Abschreibungen
+ *Veränderung der langfristigen Rückstellungen*
+ *Zinsdienst*

= Vereinfachter Cash Flow nach Bankart
+/– *Sonderfaktoren*
– Entnahmen, Ausschüttungen und Steuern

= *Kapitaldienstgrenze*
– Zinsen
– *Tilgung*
= *Überdeckung bzw. Unterdeckung*

Der vereinfachte Cash Flow nach Bankart wird auch als erweiterter Cash Flow nach Bankart bezeichnet.

Aufgabe 5: Finanzierung aus Abschreibungen

Inge Sauber plant die Eröffnung eines Waschsalons in der Nähe der Hochschule Pforzheim. Sie verfügt über ein Startkapital von 15.000 €, mit dem sie fünf Waschautomaten zu je 3.000 € anschafft. Sie rechnet mit einer hohen Akzeptanz der Dienstleistung, einer hohen Abnutzung der Automaten, mit einer Nutzungsdauer der Geräte von drei Jahren und hat eine Preisgarantie für Nachkäufe der Maschinen für drei Jahre. Frau Sauber möchte aus eigener Kraft wachsen.

Stellen Sie den maximalen Wachstumseffekt für den Waschsalon für die ersten drei Jahre aus eigener Kraft dar, wenn Inge Sauber kostendeckend kalkuliert, das Konzept aufgeht und sie den Gewinn nach Steuern laufend für ihr Leben entnimmt. Rechnen Sie annäherungsweise mit Abschreibungseffekten alle 6 Monate.

Tab. 73. Finanzierung aus Abschreibungen.

In Halbjahren (Hj)	1. Hj.	2. Hj.	3. Hj.	4. Hj.	5. Hj.	6. Hj.	7. Hj
Abschreibungen							
Maschine 1	500	500	500	500	500	500	
Maschine 2	500	500	500	500	500	500	
Maschine 3	500	500	500	500	500	500	
Maschine 4	500	500	500	500	500	500	
Maschine 5	500	500	500	500	500	500	
Maschine 6			500	500	500	500	500
Maschine 7				500	500	500	500
Maschine 8					500	500	500
Maschine 9						500	500
Maschine 10						500	500
Maschine 11							500
Summe Abschreibungen	2.500	2.500	3.000	3.500	4.000	5.000	3.000
Investitionen	0	−3.000	−3.000	−3.000	−6.000	−3.000	−3.000
Liquidität	2.500	2.000	2.000	2.500	500	2.500	2.500

Ende des 3. Jahres (d. h. nach dem 6. Halbjahr) hat Inge Sauber 10 Maschinen in Betrieb und eine neu erworben. Von diesen insgesamt 11 Maschinen sind aber die ersten 5 abgeschrieben und werden nicht mehr genutzt, sodass für das 7. Halbjahr 6 Maschinen zur Verfügung stehen.

5.2.3 Lösungen zu Klausur 3

Aufgabe 1

Die richtigen Antworten sind:

1. a, b, c
2. d
3. b, c, d
4. a
5. a, d
6. a, b, d

Aufgabe 2: Grundlagenaufgabe

2.1 *Die Auto GmbH möchte eine neue Maschine kaufen und nimmt hierfür am 1. Januar 20X1 ein Annuitätendarlehen in Höhe von 100.000 € mit 6-jähriger Laufzeit auf. Die Zahlungen an die Bank erfolgen jeweils am 31. Dezember. Der Zinssatz beträgt 6 %.*

  (a) *Wie sieht der Tilgungsplan für die Auto GmbH aus?*

  Ermittlung der Annuität (in €):

$$K_0 = A\frac{(1+i)^n - 1}{(1+i)^n\, i} \rightarrow A = K_0\frac{(1+i)^n\, i}{(1+i)^n - 1} = 100.000\frac{(1{,}06)^6\, 0{,}06}{(1{,}06)^6 - 1} = 20.336$$

Tab. 74. Zahlungsplan bei Annuitätentilgung.

Jahr	Zins	Tilgung	Rate	Restschuld
0	–	–	–	100.000
Ende J 1	6.000	14.336	20.336	85.664
Ende J 2	5.140	15.196	20.336	70.468
Ende J 3	4.228	16.108	20.336	54.360
Ende J 4	3.262	17.074	20.336	37.286
Ende J 5	2.237	18.099	20.336	19.187
Ende J 6	1.151	19.187	20.338	0

  (b) *Stellen Sie die Buchungssätze der Kreditaufnahme und Rückzahlung der Auto GmbH im Zeitpunkt 0 und am Ende des Jahres 20X1 dar.*

  Auszahlung im Zeitpunkt 0:

  Soll Bankguthaben 100.000 €
  Haben Bankverbindlichkeiten 100.000 €

Kapitaldienst zum Ende Jahr 1

Soll Bankverbindlichkeiten	14.336	
Soll Zinsaufwand	6.000	
Haben Bankguthaben		20.336

(c) *Die Auto GmbH stellt außerdem eine eigene Maschine zu folgenden Kosten her:*

Materialeinzelkosten	*20 T€*
Fertigungslöhne	*30 T€*
Aufwendungen für soziale Leistungen	*12 T€*
Sondereinzelkosten der Fertigung	*5 T€*
Allgemeine Verwaltungskosten	*7 T€*
Vertriebskosten	*3 T€*
Abschreibungen	*5 T€*

Welche Kosten können und welche müssen nach HGB als Herstellungskosten aktiviert werden? Welche Wertansätze (Minimum und Maximum) sind dementsprechend in der Bilanz möglich?

Materialeinzelkosten	20 T€
Fertigungslöhne	30 T€
Sondereinzelkosten der Fertigung	5 T€
Abschreibungen	5 T€
Pflichtbestandteile = Minimum	**60 T€**
Aufwendungen für soziale Leistungen	12 T€
Allgemeine Verwaltungskosten	7 T€
Bewertungswahlrecht = Maximum	**79 T€**
Vertriebskosten	3 T€

Für Vertriebskosten besteht ein Ansatzverbot.

2.2 *Das Grundkapital der Expansions AG beträgt momentan 2 M€. Die Aktien haben einen Nennwert von 5 €. Momentan liegt der Börsenkurs bei 150 €. Die Expansions AG beschließt, ihr Grundkapital durch die Ausgabe von neuen Aktien auf 2,4 M€ zu erhöhen. Der Bezugspreis wird mit 132 € festgelegt.*
Wie hoch ist der rechnerische Wert des Bezugsrechts?

$$K_{BR} = \frac{K_{alt} - K_{Ausgabe}}{\frac{a}{n} + 1} = \frac{150\,€ - 132\,€}{\frac{2\,M€}{0,4\,M€} + 1} = 3,00\,€$$

wobei

K_{BR} = (theoretischer) Preis des Bezugsrechts

K_{alt} = Kurs der Aktie vor Kapitalerhöhung

$K_{Ausgabe}$ = Ausgabekurs der neuen Aktien

a = Anzahl alter Aktien bzw. Grundkapital vor Kapitalerhöhung

n = Anzahl neuer Aktien bzw. Erhöhung des Grundkapitals

2.3 *Erläutern Sie, wann es zum Ansatz von aktiven bzw. passiven latenten Steuern kommt und nennen Sie jeweils ein Beispiel.*

Latente Steuern sind steuerliche Abgrenzungsposten für eine künftige steuerliche Entlastung (aktive latente Steuer) oder eine künftige steuerliche Belastung (passive latente Steuer). Sie entstehen durch

- zeitlich befristete (temporäre) Unterschiede in den handelsrechtlichen und steuerlichen Wertansätzen, z. B. durch
    - Aktivierung selbsterstellter Software im Anlagevermögen nach Handelsrecht; Verbot der Aktivierung nach Steuerrecht: Dies führt zu einer passiven latenten Steuer.
    - Bildung einer Drohverlustrückstellung nach Handelsrecht, Ansatzverbot nach Steuerrecht: Dies führt zu einer aktiven latenten Steuer.
- steuerliche Verlustvorträge/Zinsvorträge, die voraussichtlich innerhalb von 5 Jahren genutzt werden können: Dies führt zu einer aktiven latenten Steuer.

Aufgabe 3: Bilanz

Die Phoenix AG weist folgende fehlerhafte Bilanz aus (alle Angaben in T€):

Tab. 75. Bilanz der Phoenix AG (Lösung).

Aktiva		Passiva	
A: Umlaufvermögen		A: Eigenkapital	
I Forderungen	50	Stammkapital	250
II Wertpapiere		Kapitalrücklage	220
Kasse	20	Jahresüberschuss***	200
Bank	200		
III Vorräte		B: Rückstellungen	
Unfertige Erzeugnisse**	150	Rückstellungen für Pensionen	80
Fertige Erzeugnisse	100		
		C: Verbindlichkeiten	330
B: Anlagevermögen			
I Immat. Vermögensggst.	100	D: Rechnungsabgrenzungsposten	0
II Sachanlagen	350		
III Finanzanlagen*	150	E: Passive latente Steuern	0
IV Roh-, Hilfs-, Betriebsstoffe	20		
		F: Eventualverbindlichkeiten	60
C: Aktive latente Steuern	0		
Bilanzsumme	1.140	Bilanzsumme	1.160

* Finanzanlagevermögen: davon verpfändetes Deckungsvermögen zu Gunsten von Pensionsberechtigten: 100 T€.

** Angaben zu unfertigen Erzeugnissen: Erwarteter Verkaufspreis: 200 T€; noch zu erwartende Kosten bis Verkauf: 70 T€.

*** Jahresüberschuss: Jahresüberschuss in der GuV: dieses Jahr: 100 T€; letztes Jahr: 120 T€. Der JÜ des letzten Jahres wird gemäß dem Beschluss der Gesellschafterverordnung thesauriert.

a) *Beschreiben Sie kurz und prägnant, was „Deckungsvermögen" ist.*

Unter Deckungsvermögen versteht man Vermögensgegenstände, die ausschließlich der Deckung von Pensionszusagen und daraus resultierenden Pensionsverpflichtungen dienen. Sie sind dem Zugriff der Gläubiger entzogen; dies geschieht meist durch Verpfändung.

b) *Welche Fehler wurden bei der Bilanzerstellung begangen? Beschreiben Sie die Fehler und die richtige Bilanzierung in Stichpunkten.*

– Bilanzsumme für Aktiva und Passiva ist bei der Phoenix AG unterschiedlich: Die Bilanzsummen müssen bei vollständiger Buchhaltung identisch sein.

– Gliederungsregeln des § 266 für die Aktiva werden nicht eingehalten: Die Gliederung ist entsprechend anzupassen.

– Eventualverbindlichkeiten werden bei der Phoenix AG in der Bilanz ausgewiesen: Gemäß § 251 sind sie aber **unter** der Bilanz oder im Anhang auszuweisen.

– Finanzanlagen enthalten Deckungsvermögen: Deckungsvermögen darf nicht im Anlagevermögen ausgewiesen werden, sondern ist mit den Pensionsrückstellungen zu saldieren. Sofern sich ein aktiver Überhang ergibt ist dieser als „Aktiver Unterschiedsbetrag aus der Vermögensverrechnung" separat auszuweisen.

– Unfertige Erzeugnisse: Es wurde kein Niederstwerttest durchgeführt, d. h. der Wertansatz ist zu hoch: verlustfreier Wert = erwarteter Verkaufspreis abzgl. noch anfallender Kosten bis zum Verkauf = 200 T€ – 70 T€ = 130 T€.

– Stammkapital: Bezeichnung bei einer AG ist Grundkapital.

– Jahresüberschuss: Der Jahresüberschuss ist im laufenden Jahr nur 100 T€, der Vorjahresgewinn wurde von den Gesellschaftern in die Gewinnrücklagen eingestellt.

c) *Stellen Sie die korrigierte Bilanz dar. Für die Bezeichnung der Posten können Sie verständliche Abkürzungen verwenden. Nehmen Sie nur bilanzielle Anpassungen vor (keine Anpassungen des Jahresüberschusses).*

Tab. 76. Korrigierte Bilanz Phoenix AG.

Aktiva		Passiva	
A: Umlaufvermögen		A: Eigenkapital	
I Immat. Vermögensggst.	100	Grundkapital	250
II Sachanlagen	350	Kapitalrücklage	220
III Finanzanlagen	50	Gewinnrücklage	120
		Jahresüberschuss	100
B: Umlaufvermögen			
I Vorräte		B: Rückstellungen	
Unfertige Erzeugnisse	130	Rückstellungen für Pensionen 0	
Fertige Erzeugnisse	100		
Roh-, Hilfs-, Betriebsstoffe	20	C: Verbindlichkeiten	350
I Forderungen	50		
II Wertpapiere		D: Rechnungsabgrenzungsposten	0
Kasse	20		
Bank	200	E: Passive latente Steuern	0
C: Aktive latente Steuern	0		
D: Aktiver Unterschiedsbetrag	20		
aus der Vermögensverrechnung			
Bilanzsumme	1.040	Bilanzsumme	1.040

Aufgabe 4: Zero-Bond

Die Müller GmbH hat überschüssige Liquidität und möchte einen Zero-Bond zum heutigen Preis von 60 T€ kaufen, der in 8 Jahren zu einer Einzahlung von 100 T€ führt.

1. *Wie sieht der Zahlungsstrom des Zero-Bonds aus?*

$$t_0 = -60\,T\text{€ (Investitionsauszahlung)}$$

$$t_8 = +100\,T\text{€ (Rückzahlung des Zero-Bonds bei Fälligkeit)}$$

2. *Berechnen Sie den internen Zinssatz des Zero-Bonds.*

$$K_n = K_0(1 + i)^n$$

wobei

K_n = Kapital nach n Perioden

K_0 = Anfangskapital in Periode 0

i = Zinssatz

n = Anzahl der Perioden

umgeformt und aufgelöst nach i ergibt sich:

$$i = \sqrt[n]{\frac{K_n}{K_0}} - 1 = \sqrt[8]{\frac{100}{60}} - 1 \approx 6,6\,\%$$

3. *Welche Alternativen hätte die Müller GmbH die überschüssige Liquidität zu verwenden und worauf muss sie bei einer Entscheidung achten?*
    Zu beachten ist das Verhältnis von Ertrag zu Risiko für einzelne Anlagemöglichkeiten sowie der Anlagehorizont, d. h. für wie lange auf das Geld verzichtet werden kann.
    Als Alternativen zu einem Zero-Bond kämen insbesondere in Frage:
    –   normal verzinste Anleihen,
    –   ggf. kürzerfristige Bankanlagen,
    –   Investitionen in das laufende Geschäft (sofern sinnvoll möglich),
    –   sofern dauerhaft überschüssig: Ausschüttung an die Gesellschafter.

Aufgabe 5: Branchenvergleich

Die Electronic GmbH ist ein etabliertes Unternehmen in der Elektroindustrie. Obwohl die Electronic GmbH seit Jahren positive Ergebnisse ausweist, möchte der Geschäftsführer wissen, ob es weiteres Verbesserungspotenzial gibt und wie er im Vergleich zu anderen Unternehmen seiner Industrie steht. Deshalb beauftragt er Sie, seine GuV zu analysieren und die wichtigsten Kennzahlen mit dem Branchendurchschnitt zu vergleichen, um Verbesserungspotenziale zu erkennen.

Die GuV der GmbH sieht wie folgt aus (in T€):

Tab. 77. GuV Electronic GmbH (Lösung).

Umsatzerlöse	*100*
+/– Bestandsveränderungen	*0*
+ aktivierte Eigenleistungen	*0*
Betriebsleistung	*100*
– Waren- und Materialeinsatz	*–35*
– Personalaufwand	*–30*
– Mietaufwand /Pacht	*–5*
– Marketingaufwand	*–4*
– sonstiger betrieblicher Aufwand	*–3*
– Abschreibungen	*–4*
Betriebsergebnis	*19*
+/– Zinsertrag/-aufwand	*–2*
Ergebnis der gewöhnlichen Geschäftstätigkeit	*17*
+/– a. o. Erträge/a. o. Aufwand	*0*
– Steuern von Einkünften und Erträgen	*–5*
+/– Rücklagen/Gesellschafterverrechnung	*0*
Jahresüberschuss/-fehlbetrag =	*12*

Es sind folgende durchschnittliche Branchenkennzahlen bekannt:

Tab. 78. Branchenvergleichswerte (Lösung).

Personaleinsatzquote	25,00 %
Abschreibungsquote	6,00 %
Umsatzrentabilität	14,00 %
Materialeinsatzquote	40,00 %

a) *Vergleichen Sie die Branchenkennzahlen mit den entsprechenden Kennzahlen der Electronic GmbH.*

Für die Electronic GmbH ergibt sich:
- Personaleinsatzquote = Personalaufwand/Umsatz = 30/100 = 30 %, somit über dem Branchendurchschnitt.
- Abschreibungsquote = Abschreibungen/Umsatz = 4/100 = 4 %, somit unter Branchendurchschnitt.
- Umsatzrentabilität = Jahresüberschuss/Umsatz = 12/100 = 12 %, somit unter dem Branchendurchschnitt.
- Materialeinsatzquote = Materialeinsatz/Umsatz = 35/100 = 35 %, somit unter Branchendurchschnitt.

b) *Was könnten mögliche Ursachen für die Abweichungen sein?*

Beispielhaft:

Höhere Personaleinsatzquote:
- Ineffizienterer Personaleinsatz, d. h. mehr Personal pro Umsatz erforderlich.
- Höher bezahltes Personal, d. h. höhere Lohnkosten pro Umsatz.

Niedrigere Abschreibungsquote:
- Ältere Maschinen im Einsatz, d. h. weniger Abschreibung pro Umsatz.
- Höhere Effizienz der Maschinen, d. h. mehr Umsatz pro Abschreibung.

Niedrigere Materialeinsatzquote:
- Effizienterer Materialeinsatz, d. h. weniger Materialmenge pro Umsatz (z. B. weniger Ausschuss).
- Günstigere Einkaufspreise, d. h. geringere Materialkosten pro Umsatz.

Niedrigere Umsatzrentabilität:
- Ergibt sich aus den anderen Quoten.
- Höhere Nachfrage nach den Produkten, die aber über niedrigere Deckungsbeiträge erkauft wird (daher kein überdurchschnittlicher Jahresüberschuss).

Hinweis:

Eine Erstanalyse in dieser Form liefert häufig Ansatzpunkte für weitere, tiefer gehende Analysen bzw. Nachfragen: z. B. ist zu klären, ob die höhere Personaleinsatzquote aufgrund der höheren Bezahlung oder des ineffizienteren Einsatzes zustande kommt. Die Antwort auf diese Frage, bietet dann einen Ansatzpunkt für weitere Analysen, z. B. warum wird das Personal besser bezahlt (Qualifikation/betriebliche Übung)? Oder: Wie könnte die Effizienz des Personaleinsatzes gesteigert werden (bessere Planung/weniger kurzfristige Aufträge/...)? Ziel einer entsprechenden Kennzahlenanalyse ist es, möglichst systematisch die wesentlichen Einflussfaktoren zu ermitteln und damit Ansatzpunkte für die Verbesserung der Kennzahlen zu erarbeiten.

c) *Welche Möglichkeiten zur Verbesserung der Kennzahlen sehen Sie?*
Beispielhaft:
   - Gehaltsniveau reduzieren/Personaleinsatz besser planen.
   - Preise der Produkte erhöhen, ggf. durch Werbung Nachfrage erhöhen.
   - Maschinenpark erneuern.

d) *Wo liegen allgemein die Grenzen von Jahresabschlusskennzahlen?*
   - Jahresabschlusskennzahlen sind immer vergangenheitsorientiert bzw. beinhalten keinen Zukunftsbezug.
   - Jahresabschlusskennzahlen spiegeln nur finanzielle Sachverhalte bzw. im Rechnungswesen erfasste Sachverhalte wider. Wesentliche nichtfinanzielle Indikatoren wie z. B. Kundenzufriedenheit, Mitarbeiterzufriedenheit, Qualität der Produkte bleiben unberücksichtigt.
   - Einzelne Kennzahlen stellen einen Sachverhalt immer nur eindimensional dar.
   - Bilanzierungswahlrechte und unterschiedliche Bilanzierungsmethoden erschweren einen Kennzahlenvergleich.
   - Die unmittelbare Verwendung von Abschlusszahlen ist in der Regel nicht möglich, d. h. Kennzahlen müssen erst ermittelt und ggf. bereinigt werden.

5.2.4 Lösungen zu Klausur 4

Aufgabe 1
Die richtigen Antworten sind:
1. d, § 271
2. a
3. a, d
4. a, c, d, ca. 30,4 %
5. a, b, d
6. a, b, d, e

Aufgabe 2: Grundlagenaufgabe

2.1 *Welche Funktionen werden von Kapitalmärkten erfüllt. Bitte antworten Sie mit treffenden Schlagworten.*
 – **Fristentransformation:**
  Angebot von Geldanlagen unterschiedlicher Fristigkeit treffen auf eine Nachfrage nach Geldaufnahmen unterschiedlicher Fristigkeit; durch die Kapitalmärkte können die unterschiedlichen Fristen aufeinander abgestimmt werden, sodass Vertragsabschlüsse zustande kommen (können).
 – **Losgrößentransformation:**
  Angebot von Geldanlagen und Nachfrage nach Geldaufnahmen unterschiedlicher Größenordnungen können über die Kapitalmärkte ausgeglichen werden, z. B. durch Bündelung mehrerer kleiner Anlagebeträge zu einem großen Kredit.
 – **Risikotransformation:**
  Durch Bündelung von Investitionsmöglichkeiten unterschiedlicher Risiken können weniger riskante Anlagemöglichkeiten geschaffen werden, die für mehr Investoren interessant sein können.
 – **Transaktionskostenreduktion:**
  Große Transaktionsvolumina ermöglichen Standardisierung und bessere technische Unterstützung; dies ermöglicht sinkende Transaktionskosten pro Transaktion (Economies of scale).

2.2 *Erläutern Sie den Leverage-Effekt anhand eines selbst gewählten Beispiels. Antworten Sie kurz und prägnant in Stichpunkten.*
 Die Formel für den Leverage-Effekt lautet

$$R_{EK} = R_{GK} + \frac{FK}{EK} (R_{GK} - i)$$

wobei
R_{EK} = Eigenkapitalrendite in %
R_{GK} = Gesamtkapitalrendite in %
FK = (absoluter Wert des) Fremdkapital

EK = (absoluter Wert des) Eigenkapital

i = (durchschnittlicher) Fremdkapitalzinssatz in %

und bedeutet:

- sofern die Gesamtkapitalrendite konstant ist und
- die Gesamtkapitalrendite größer als die Verzinsung des Fremdkapitals ist,
- erhöht eine Erhöhung des Verschuldungsgrad die Eigenkapitalrendite

Beispiel: beliebig gewählt

R_{GK} = 10 %

FK = 50 M€

EK = 50 M€

i = 5 %

Daraus ergibt sich eine Eigenkapitalrentabilität von:

$$R_{EK} = 10\,\% + \frac{50}{50}\,(10\,\% - 5\,\%) = 15\,\%$$

Wird nun 25 M€ Eigenkapital durch 25 M€ Fremdkapital ersetzt, so erhöht sich die Eigenkapitalrendite (unter sonst gleichen Bedingungen):

$$R_{EK} = 10\,\% + \frac{50 + 25}{50 - 25}\,(10\,\% - 5\,\%) = 25\,\%$$

Dies ist der Leverage-Effekt.

2.3 *Wie wirkt sich das Niederstwertprinzip auf Vermögensgegenstände des Anlagevermögens und des Umlaufvermögens aus?*

Anlagevermögen: Gemildertes Niederstwertprinzip, d. h. bei voraussichtlich dauerhaften Wertminderungen muss auf den niedrigeren Marktwert bzw. beizulegenden Wert abgeschrieben werden.

Zu unterscheiden sind:

- **Sachanlagen und immaterielles Anlagevermögen**:
  Ausschließlich bei voraussichtlich dauerhaften Wertminderungen müssen außerplanmäßige Abschreibungen vorgenommen werden.
- **Finanzanlagen**:
  Bei temporären Wertminderungen können (Wahlrecht) außerplanmäßige Abschreibungen auf den niedrigeren Wert vorgenommen werden.

Umlaufvermögen: Strenges Niederstwertprinzip, d. h. bei einer Wertminderung am Bilanzstichtag (unabhängig davon ob voraussichtlich dauerhaft oder temporär) muss auf den niedrigeren Marktwert oder beizulegenden Wert abgeschrieben werden.

2.4 *Inwiefern kann es aufgrund des Niederstwertprinzips zu latenten Steuereffekten kommen?*

Latente Steuern ergeben sich, wenn die handelsrechtlichen und steuerlichen Wertansätze für einen begrenzten Zeitraum auseinander fallen.

Die steuerlichen Regelungen zu außerplanmäßigen Abschreibungen weichen von den handelsrechtlichen ab:

– keine außerplanmäßigen Abschreibungen auf temporäre Wertminderungen
– Abschreibungswahlrecht bei dauerhaften Wertminderungen

Wenn z. B. eine temporäre Wertminderung des Umlaufvermögens vorliegt, so muss handelsrechtlich zwingend auf den niedrigeren Wert abgeschrieben werden, während steuerlich nicht abgeschrieben werden darf. Diese Differenz (handelsrechtlicher Wertansatz < steuerlicher Wertansatz bei Aktiva) führt zu aktiven latenten Steuern.

2.5 *Eine Aktiengesellschaft führt eine Kapitalerhöhung mit folgenden Rahmendaten durch:*

– *Marktkapitalisierung vor der Kapitalerhöhung = 1 Milliarde €*
– *Bezugsverhältnis 2 : 1*
– *Bezugskurs 40 €*
– *Anzahl an neuen Aktien = 5 Millionen Stück.*

Wie hoch ist der rechnerische Wert des Bezugsrechts?

Der rechnerische Wert des Bezugsrechts ergibt sich aus

$$K_{BR} = \frac{K_{alt} - K_{Ausgabe}}{\frac{a}{n} + 1}$$

wobei

K_{BR} = (theoretischer) Preis des Bezugsrechts
K_{alt} = Kurs der Aktie vor Kapitalerhöhung
$K_{Ausgabe}$ = Ausgabekurs der neuen Aktien
a = Anzahl alter Aktien bzw. Grundkapital vor Kapitalerhöhung
n = Anzahl neuer Aktien bzw. Erhöhung des Grundkapitals

Für die Formel müssen aber zunächst noch einige Werte ermittelt werden:

Das Bezugsverhältnis ist 2:1; es sollen 5 Mio. neue Aktien ausgegeben werden, d. h. es gibt 10 Mio. alte Aktien.

Die Marktkapitalisierung ist der Marktpreis × Anzahl der Aktien; daraus lässt sich der Preis der Aktien vor Kapitalerhöhung ermitteln:

$$K_{alt} = \frac{\text{Marktkapitalisierung}}{\text{Anzahl alter Aktien}} = \frac{1 \text{ Mrd. €}}{10 \text{ Mio. Aktien}} = 100 \text{ €/Aktie}$$

Damit ergibt sich für das Bezugsrecht:

$$K_{BR} = \frac{K_{alt} - K_{Ausgabe}}{\frac{a}{n} + 1} = \frac{100 \text{ €} - 40 \text{ €}}{\frac{2}{1} + 1} = 20 \text{ €}$$

Aufgabe 3: Investitionsrechnung und Annuitätendarlehen

Eine Investition mit einer Anfangsauszahlung von 1.000 T€ dauert 5 Jahre und liefert im ersten Jahr einen Einzahlungsüberschuss in Höhe von 100 T€. In den Folgejahren steigen die Einzahlungsüberschüsse jährlich um 50 %. Es gibt keinen Restverkaufserlös.

a) *Soll die Investition durchgeführt werden, wenn mit der Kapitalwertmethode ent-schieden werden soll und der Zinssatz einer laufzeit- und risikoadäquaten Alterna-tivinvestition im Fall (i) bei 10 % und im Fall (ii) bei 11 % liegt?*
Es ergibt sich folgende Zahlungsreihe:

t_0	t_1	t_2	t_3	t_4	t_5
−1.000.000	+100.000	+150.000	+225.000	+337.500	+506.250

Das ergibt folgende Kapitalwerte:

(i) $K_0 = -1.000.000 + \frac{100.000}{1,1^1} + \frac{150.000}{1,1^2} + \frac{225.000}{1,1^3} + \frac{337.500}{1,1^4} + \frac{506.250}{1,1^5} = -71.220$

Die Investition sollte nicht durchgeführt werden, da der negative Kapitalwert anzeigt, dass sie bei einem Kalkulationszinssatz von 10 % nicht profitabel ist. Da der Zinssatz der zweiten Alternative höher ist, muss der Kapitalwert niedriger sein, daher ist keine Berechnung erforderlich (für diese Erkenntnis gäbe es einen Extrapunkt).

(ii) Der Vollständigkeit halber:

$$K_0 = -1.000.000 + \frac{100.000}{1,11^1} + \frac{150.000}{1,11^2} + \frac{225.000}{1,11^3} + \frac{337.500}{1,11^4} + \frac{506.250}{1,11^5}$$

$$= -100.892$$

b) *Wie sieht der Zins- und Tilgungsplan (gerundet auf volle €) für folgendes Annuitä-tendarlehen aus: Kreditsumme 1 M€, 10 Jahre Laufzeit, Zinssatz 4,5 %. Gehen Sie davon aus, dass das Darlehen nach 10 Jahren vollständig getilgt sein soll.*
Ermittlung des Rentenbarwertfaktors:

$$RBF = \frac{(1+i)^n - 1}{(1+i)^n i} = \frac{(1,045)^{10} - 1}{(1,045)^{10} \times 0,045} = 7,9127$$

Das ergibt bei 1 M€ Kreditsumme eine Annuität von 126.379 €.

Tab. 79. Zahlungsplan bei Annuitätentilgung.

Jahr	Zins	Tilgung	Rate	Restschuld
0	–	–	–	1.000.000
Ende J 1	45.000	81.379	126.379	918.621
Ende J 2	41.338	85.041	126.379	833.580
Ende J 3	37.511	88.868	126.379	744.712
Ende J 4	33.512	92.867	126.379	651.845
Ende J 5	29.333	97.046	126.379	554.799
Ende J 6	24.966	101.413	126.379	453.386
Ende J 7	20.402	105.977	126.379	347.409
Ende J 8	15.633	110.746	126.379	236.663
Ende J 9	10.650	115.729	126.379	120.934
Ende J 10	5.442	120.934	126.376	0

Aufgabe 4: Bilanzierung von Anlagevermögen

Die Sektkellerei Schloss Wachenheim AG hat ein neues Verfahren zur Herstellung eines alkoholfreien Sektes erfunden, das sie ab 20X1 bis Ende 20X5 nutzen will. Das Patent wurde Ende 20X0 angemeldet. Insgesamt sind im Zusammenhang mit der Neuerfindung folgende Kosten angefallen:

- *Personalkosten Forschungsabteilung 500.000 €*
- *Sachkosten (für Material etc.) der Forschungsabteilung 200.000 €*
- *Personalkosten Entwicklungsabteilung 750.000 €*
- *Sachkosten (für Material etc.) der Entwicklungsabteilung 300.000 €*

Die Sektkellerei Schloss Wachenheim AG ist eine große Kapitalgesellschaft. Ihre Steuerquote beträgt 30 %.

a) *Welche Möglichkeiten der Bilanzierung bestehen für das neu entwickelte Verfahren in der Handelsbilanz zum 31. 12. 20X0? Bitte erläutern Sie die Möglichkeiten kurz und prägnant in Stichpunkten und geben Sie etwaige Buchungssätze an.*

Es handelt sich um einen selbsterstellten immateriellen Vermögensgegenstand des Anlagevermögens. Dafür besteht handelsrechtlich ein Aktivierungswahlrecht, d. h. der Aufwand für die Entwicklung (nicht die Forschungsaufwendungen) kann als Vermögensgegenstand aktiviert werden oder in der Gewinn- und Verlustrechnung verbleiben.

Bei erfolgter Aktivierung ist der Vermögensgegenstand über die voraussichtliche Nutzungsdauer (hier: 4 Jahre) abzuschreiben.

Einbuchung:

Soll selbsterstellte immat. Vermögensgegenstände	1.050.000 €	
Haben aktivierte Eigenleistung		1.050.000 €

b) *Welche Möglichkeiten der Bilanzierung bestehen für das neu entwickelte Verfahren in der Steuerbilanz zum 31. 12. 20X0? Bitte erläutern Sie die Möglichkeiten kurz und prägnant in Stichpunkten und geben Sie etwaige Buchungssätze an.*

In der Steuerbilanz besteht kein Aktivierungswahlrecht, d. h. der Forschungs- und Entwicklungsaufwand ist immer als Aufwand in der Gewinn- und Verlustrechnung zu zeigen.

c) *Was ist in diesem Zusammenhang in der Handelsbilanz zum 31. 12. 20X0 zu beachten? Bitte erläutern Sie die Möglichkeiten kurz und prägnant in Stichpunkten und geben Sie etwaige Buchungssätze an.*

Sofern handelsrechtlich nicht aktiviert wird, sind Steuerbilanz und Handelsbilanz identisch: Keine Besonderheiten.

Sofern handelsrechtlich aktiviert wird, besteht zwingend eine zeitlich befristete Differenz zur Steuerbilanz; daraus folgen passive latente Steuern:

$$30 \% \times 1.050.000 \,€ = 315.000 \,€$$

Entsprechend der Abschreibung des Patents reduziert sich die passive latente Steuer im Zeitablauf.

Darüber hinaus besteht eine Ausschüttungssperre für den aktivierten Betrag abzgl. der passiven latenten Steuer: 1.050.000 € – 315.000 € = 735.000 €. Sofern Gewinne entstehen oder in der Vergangenheit thesauriert wurden, dürfen sie in dieser Höhe nicht ausgeschüttet werden (§ 268 Abs. 8).

Aufgabe 5: Bilanzpolitik
Erläutern und begründen Sie bitte, ob die handelsrechtliche Bilanzierung der nachfolgend aufgeführten Sachverhalte gesetzliche oder faktische Wahlrechte enthält und/oder für den Bilanzierenden Ermessensspielräume erlaubt. Zeigen Sie auch auf, in welcher Weise durch die Ausübung dieser Wahlrechte/Ermessensspielräume in der Betrachtungsperiode die Höhe des Jahresüberschusses oder die Eigenkapitalquote beeinflusst wird.

a) *Anschaffungskosten*
Die Anschaffungskosten bestehen gemäß § 255 Abs. 1 aus:
+ Anschaffungspreis
– Anschaffungspreisminderungen (Skonti/Rabatte)
+ Anschaffungsnebenkosten
+ nachträgliche Anschaffungskosten
= Anschaffungskosten
Alle Kosten müssen unmittelbar der Anschaffung zurechenbar sein (Einzelkosten) und bis zur Betriebsbereitschaft anfallen. Es gibt keine gesetzlichen Wahlrechte, aber faktische Wahlrechte, z. B. Skontierung einer Rechnung oder nicht; Gestaltung einer Rechnung über Anschaffungsnebenkosten, sodass die eindeutige Zuordnung nicht möglich ist (z. B. Sicherheitsprüfung für mehrere Anlagen, nicht nur eine).
Daneben bestehen diverse Ermessensspielräume, z. B.
– ab wann Betriebsbereitschaft gegeben ist,
– ob nachträgliche Anschaffungskosten oder Instandhaltung/Wartung vorliegt.

b) *Rückstellungen*
Die möglichen Rückstellungsgründe sind gemäß § 249 abschließend aufgezählt; es gibt keine gesetzlichen Wahlrechte. Faktische Wahlrechte bestehen bei den Rückstellungen für unterlassene Instandhaltung und Abraumbeseitigung: durch die geeignete Festlegung des Zeitpunkts der Nachholung, wird eine Rückstellungspflicht ausgelöst oder vermieden.
Da Rückstellungen aber unsichere Verbindlichkeiten sind, bestehen erhebliche Ermessensspielräume: Die Höhe, die Fälligkeit und die Wahrscheinlichkeit der Inanspruchnahme müssen geschätzt werden und können – in angemessenem Umfang – bilanzpolitisch genutzt werden.

c) *Abschreibungen auf Finanzanlagen*

Grundsätzlich gilt im Anlagevermögen das gemilderte Niederstwertprinzip, d. h. außerplanmäßige Abschreibungen müssen und dürfen nur auf voraussichtlich dauerhafte Wertminderungen vorgenommen werden. Bei den Finanzanlagen gibt es ein gesetzliches Wahlrecht gemäß § 253 Abs. 3, dass auch Abschreibungen auf temporäre Wertminderungen vorgenommen werden dürfen.

Ermessensspielräume gibt es insbesondere, wenn keine Marktpreise vorliegen, d. h. der Wert einer Finanzanlage nicht aus einem Börsenpreis, sondern aus Bewertungsmodellen abgeleitet werden muss. Die Kalkulationsgrundlagen der Bewertungsmodelle beinhalten wesentliche Spielräume, z. B. welcher Kalkulationszinssatz zugrunde gelegt wird, welche Zahlungsmittelflüsse für die Zukunft angenommen werden, etc.

d) *Bewertungsvereinfachungsverfahren im Umlaufvermögen*

Hier gibt es diverse Wahlrechte:
- Einzelbewertung entsprechend dem gesetzlichen Grundsatz (§ 252 Abs. 1)
- Festbewertung bei Roh-, Hilfs- und Betriebsstoffen (§ 240 Abs. 3)
- Gruppenbewertung bei gleichartigen Vorräten oder anderen annähernd gleichwertigen Mobilien (§ 240 Abs. 4): Hierbei besteht auch ein Methodenwahlrecht, ob ein periodischer Durchschnitt oder ein gleitender Durchschnitt verwendet wird.
- Verbrauchsfolgeverfahren bei gleichartigen Vorräten (§ 256): Hierbei besteht ein Methodenwahlrecht hinsichtlich der unterstellten Verbrauchsfolge: First-in-first-out oder Last-in-first-out.

Sofern die gesetzlichen Voraussetzungen vorliegen, sind alle Verfahren gleichwertig, d. h. können alternativ eingesetzt werden.

Ermessensspielräume gibt es bei der Anwendung dieser Verfahren keine besonderen.

Hinweis:

Erhebliche Ermessensspielräume im Rahmen der Bewertung des Umlaufvermögens ergeben sich auch bei:
- der Abgrenzung der Herstellungskosten, d. h. welche Wahlbestandteile einbezogen werden oder nicht
- der Folgebewertung (die Vereinfachungsverfahren beziehen sich auf die Zugangsbewertung), d. h. die Umsetzung des Niederstwertprinzips zum Bilanzstichtag. Insbesondere bei den Vorräten und den Forderungen gibt es hier erhebliche Ermessensspielräume; bei den Vorräten betrifft dies insbesondere die verlustfreie Bewertung, d. h. die Ermittlung eines möglichen Verkaufspreises und der noch bis zum Verkauf anfallenden Kosten. Bei den Forderungen betrifft dies die Höhe möglicher Wertberichtigungen.

Diese Themen waren aber nicht Gegenstand der Frage hier.

Literaturempfehlungen

Zu allen Themen:

Bacher, U.: BWL kompakt – Praxiswissen der Bilanzierung, Investition und Finanzierung, 9. Auflage, DG Verlag, Wiesbaden 2015

Auszüge der allgemeinen Standardwerke:

Schierenbeck/Wöhle: Grundzüge der Betriebswirtschaftslehre, 18. Auflage, Oldenbourg, München 2012 Kapitel 6 und 8

Wöhe/Döring: Einführung in die allgemeine Betriebswirtschaftslehre, 25. Auflage, Vahlen, München 2013 Abschnitt 5 und 6

Zu Bilanzierung

Lehrbücher

Coenenberg/Haller/Schultze: Jahresabschluss und Jahresabschlussanalyse, 23. Auflage, Schaeffer-Poeschel, Stuttgart 2014

Grefe, C.: Kompakt-Training Bilanzen, 8. Auflage, nwb, Herne/Berlin 2014

Hilke, W.: Kurzlehrbuch Bilanzpolitik, 6. Auflage, Gabler, Wiesbaden 2002

Meyer, C.: Bilanzierung nach Handels- und Steuerrecht, 26. Auflage, nwb, Herne/Berlin 2015

Ergänzende Literatur

Beck'scher Bilanzkommentar, §§ 238–339, 9. Auflage, Beck, München 2013

Bilanzbuchhalter-Handbuch, 9. Auflage, nwb, Herne/Berlin 2013

Hermannn/Heuer/Raupach: Einkommensteuer- und Körperschaftsteuergesetz, Kommentar, insb. §§ 5–7, Dr. Otto Schmidt, Köln 2015

Zu Investition und Finanzierung

Däumler/Grabe: Betriebliche Finanzwirtschaft, 10. Auflage, nwb, Herne/Berlin 2013

Olfert, K.: Finanzierung, 16. Auflage, Kiehl, Ludwigshafen 2013

Olfert, K.: Investition, 12. Auflage, Kiehl, Ludwigshafen 2012

Perridon/Steiner/Rathgeber: Finanzwirtschaft der Unternehmung, 16. Auflage, Vahlen, München 2012

Wöhe/Bilstein/Ernst/Häcker: Grundzüge der Unternehmensfinanzierung, 11. Auflage, Vahlen, München 2013

Zantow/Dinauer: Finanzwirtschaft der Unternehmung, 3. Auflage, Pearson Studium, München 2011

Tabellenverzeichnis

Abbildungsverzeichnis

Abkürzungsverzeichnis

A	Annuität
AfA	Absetzung für Abnutzung
ARAP	Aktiver Rechnungsabgrenzungsposten
BGB	Bürgerliches Gesetzbuch
BR	Bezugsrecht
EK	Eigenkapital
EStG	Einkommensteuergesetz
FK	Fremdkapital
GoB	Grundsätze ordnungsmäßiger Buchführung / Bilanzierung
GoFW	Geschäfts- oder Firmenwert
GuV	Gewinn- und Verlustrechnung
i	Zinssatz
i_{eff}	Effektivzinssatz
i_{nom}	Nominalzinssatz
K_0	Kapital zum Zeitpunkt 0
K_n	Kapital zum Zeitpunkt n
M€	Millionen Euro
MG	Muttergesellschaft
n	Anzahl der (Zeit-)Perioden
p. a.	per annum / pro Jahr
RBW	Restbuchwert
RBF	Rentenbarwertfaktor
TG	Tochtergesellschaft
T€	Tausend Euro

Über die Autoren

Prof. Dr. Urban Bacher, Betriebswirt und Jurist, wuchs im elterlichen Betrieb auf und war Bankdirektor einer Genossenschaftsbank. Seit 1999 ist er Professor für Betriebswirtschaftslehre und Bankmanagement an der Hochschule Pforzheim. Nebenamtlich ist er in mehreren Aufsichtsräten tätig. Forschungsschwerpunkte sind betriebliche Fragestellungen zur Finanzwirtschaft bzw. Corporate Governance sowie Anlageleistungen.

Prof. Dr. Robert Nothhelfer, Diplom-Volkswirt, lehrt nach langjähriger Tätigkeit im Einzelhandel für Lidl und die Schwarz-Gruppe sei 2014 Betriebswirtschaftslehre mit Schwerpunkt Bilanzierung und Finanzwesen an der Hochschule Pforzheim. Aufgaben- und Forschungsschwerpunkte sind allgemeine Betriebswirtschaftslehre, betriebliches Rechnungswesen sowie Compliance Management. Nebenberuflich berät er Start-up-Unternehmen.

Prof. Dr. Katja Rade, Diplom-Kauffrau, war langjährig bei der Deutschen Lufthansa AG in unterschiedlichen Abteilungen des operativen (Flugbetrieb-)Managements und im Controlling tätig. An der Hochschule Pforzheim lehrt sie Allgemeine Betriebswirtschaft mit dem Schwerpunkt externes und internes Rechnungswesen.

Prof. Dr. Marcus Scholz, Wirtschaftsprüfer und Steuerberater, ist nach beruflichen Stationen bei der Deutschen Bank und bei einer Big-4-Wirtschaftsprüfungsgesellschaft seit 2007 Professor für ABWL & Corporate Finance an der Hochschule Pforzheim. Forschungsschwerpunkte liegen in der ganzheitlichen (betriebswirtschaftlichen, steuerlichen und rechtlichen) Gestaltungsberatung.

www.ingramcontent.com/pod-product-compliance
Lightning Source LLC
Chambersburg PA
CBHW061816210326
41599CB00034B/7015